LUAN VICTOR DE SOUZA LUNA

TEORIAS EPISTEMOLÓGICAS DE JUSTIFICAÇÃO DO CONHECIMENTO E EPISTEMOLOGIA JURÍDICA: UMA PROPOSTA DE APROXIMAÇÃO

ISBN n° 978-65-00-90060-6

Rio de Janeiro: NIDH

2023

LUNA, Luan Victor de Souza. **Teorias epistemológicas de justificação do conhecimento e epistemologia jurídica: uma proposta de aproximação.** Rio de Janeiro: NIDH, 2023. ISBN nº 978-65-00-90060-6

Dados Internacionais de Catalogação na Publicação (CIP)
(Câmara Brasileira do Livro, SP, Brasil)

```
Luna, Luan Victor de Souza
    Teorias epistemológicas de justificação do
conhecimento e epistemologia jurídica : uma proposta
de aproximação / Luan Victor de Souza Luna. --
Rio de Janeiro : Ed.do Autor, 2023.

    Bibliografia.
    ISBN 978-65-00-90060-6

    1. Direito - Filosofia 2. Justificação (Teoria do
conhecimento) I. Título.

23-187682                              CDU-340.12
```

Índices para catálogo sistemático:

1. Direito : Filosofia   340.12

Cibele Maria Dias - Bibliotecária - CRB-8/9427

Sumário

Irrigadores governam as águas;

flecheiros modelam as flechas;

carpinteiros modelam a madeira;

os sábios dominam a si mesmos.

Dhp 80

APRESENTAÇÃO

É comum assumir que a maioria das pessoas deseja expandir seus próprios limites intelectuais, ir além das suas possibilidades atuais de saber, movimentar-se no sentido de engrandecer a si mesmo. Criar, inventar, conhecer são empreitadas que dão, de algum modo, significado à vida.

A filosofia surge e se desenvolve como postura de investigação do mundo que visa a ampliar o conhecimento do Ser Humano a respeito de si mesmo, do universo do qual faz parte, da natureza a que se conecta, do valor de suas ações.

Não demorou para que a atitude de inquirição humana sobre a realidade se voltasse a si mesma. À investigação filosófica a respeito do conhecimento, dos seus limites, possibilidades e caminhos chama-se epistemologia. Um dos dois conceitos fundamentais da epistemologia - sendo o outro o de "verdade" - é o da justificação do conhecimento.

Construiu-se um cânone filosófico, desde a antiguidade clássica, em redor da noção de justificação do conhecimento, visto como um processo de reflexão acerca das razões, argumentos e processos que permitem sustentar uma determinada "crença", no jargão filosófico.

Este corpo de teorias de justificação do saber influenciou outros domínios, como o das ciências naturais (sendo mutuamente influenciado por elas), constituindo-se como uma verdadeira teoria epistemológica de justificação do conhecimento, com correntes de pensamento das mais variadas e repercussões para o fazer filosófico das mais diversas.

O problema que se discute nesta obra aparece quando são postas lado a lado duas disciplinas filosóficas fundamentais: a epistemologia e a ética, mais especificamente o componente da ética direcionado ao conhecimento jurídico.

Dentre as perguntas que movem este trabalho, estão: os conceitos gerais da justificação do conhecimento se limitam apenas ao conhecimento dito filosófico? É possível aplicar as noções, ideias e posições de justificação epistêmica a todos os ramos do saber?

Mais especificamente, dando forma ao problema central deste livro, seria possível estabelecer relação entre as teorias de justificação do conhecimento, como desenvolvidas na filosofia em geral, e o conhecimento jurídico?

Como costuma acontecer em trabalhos de filosofia puramente teóricos, parece ser necessário dar relevo à justificativa do empreendimento investigativo proposto.

O mérito de pesquisa como a que se desenvolveu reside na sua proposta de aproximação filosófica e abertura do pensamento jurídico. É comum que as discussões jurídicas se deem no deontológico, ou da chamada ciência jurídica aplicada. Os trabalhos de enfrentamento filosófico de temas jurídicos ainda são os menos lidos, em que pese todos reconhecerem os ganhos que a práxis jurídica tem quando fundamentada em boa teoria, e vice-versa.

Intenta-se com essa pesquisa, e nisso também repousa sua justificativa, aproximar a epistemologia geral à epistemologia jurídica, abordando as teorias epistêmicas, aparentemente distantes do direito, sob um ponto de vista jurídico.

A estrutura capitular adotada foi pensada para enfrentar as temáticas divididas em grupos de pertinência de assunto, com aproximação e construção lógica entre temas em cada um dos capítulos.

O primeiro capítulo tratará das ideias conceituais relativas à epistemologia. Partindo da construção etimológica dessa palavra para se chegar ao seu conteúdo conceitual, pretende-se demonstrar os limites tradicionais da concepção da filosofia ocidental do conhecimento como "crença verdadeira e justificada".

Cabe, desde já, uma ressalva: o escopo desta produção é o componente "justificada" da categoria filosófica do conhecimento. Tratar de verdade e direito fugiria ao objetivo que se pretende atingir com este livro.

A primeira seção tratará dos aspectos centrais das principais teorias de justificação do conhecimento, o fundacionalismo e o coerentismo, tratando, também da proposta pragmatista para a teoria do conhecimento, ainda que esta última se trata de proposta muito mais abrangente do que mera teoria epistêmica. O estabelecimento dessas premissas é fundamental para o avanço da produção, em sua próxima seção.

O segundo capítulo cuidará da epistemologia jurídica. Como necessidade metodológica, fez-se uma aproximação entre a epistemologia geral, também chamada de filosófica, à ideia da epistemologia jurídica, partindo então para seu conceito e conteúdo teórico como estudo da ciência do direito, numa acepção ampla, como sustentada pelos argumentos apresentados. Daí adveio a necessidade de enfrentar o *status* do saber jurídico, isto é, seu enquadramento dentro do campo das ciências e da filosofia das ciências.

Na última parte desta produção, a problemática e as perguntas lançadas nesta apresentação foram relacionadas e postas em diálogo.

O trabalho preocupou-se em demonstrar que a noção clássica de proposição jurídica, baseada no pensamento aristotélico e wittgensteiniano, como asserção descritiva possível de valor de verdade ou falsidade, limita o objeto do saber jurídico, e pode ser revista. Seria possível ver, segundo se espera ter-se demonstrando, que a ideia de proposição jurídica deve abarcar não apenas o caráter descritivo das construções do saber jurídico mas também as prescrições normativas e o espaço de desenvolvimento do discurso jurídico.

Feita essa primeira aproximação, a produção caminhará para a segunda aproximação entre as teorias filosóficas do saber e a epistemologia jurídica, no sentido de poder se estabelecer uma relação entre a noção de norma fundamental, como proposta por Hans Kelsen para sustentar a validade filosófica do direito, e a teoria fundacionalista de justificação do conhecimento.

A terceira aproximação proposta reside na possibilidade de se encarar a interdisciplinaridade no e para o direito como uma manifestação do argumento coerentista de justificação do conhecimento. A proposta da coerência justifica as proposições a partir do reconhecimento de igual importância a todas as razões capazes de sustentar uma crença, numa verdadeira rede de conceitos.

Por fim, a derradeira proposta de aproximação entre as teorias epistêmicas em geral e o conhecimento jurídico reside no contato proposto entre o pragmatismo como visão de mundo e a teoria do direito. Trata-se mesmo de ligeira ampliação do escopo desse trabalho, voltado a apresentar as relações entre teorias epistemológicas e o conhecimento jurídico, mas que tem lugar porque a proposta pragmatista vai além de uma simples justificação epistêmica constituindo-se como prisma visual da realidade.

Como dito algumas linhas acima, o mérito de pesquisa de cunho eminentemente teórico como a que se desenvolveu, que se preocupa em demonstrar interseções talvez não tão evidentes entre a filosofia e o direito, reside exatamente na sua proposta: de aproximação. Buscou-se, com esse trabalho, construir (mais algumas) pontes, redes, elos entre o saber filosófico e o conhecimento jurídico.

1 EPISTEMOLOGIA, CONHECIMENTO E JUSTIFICAÇÃO EPISTEMOLÓGICA

A produção desenvolvida pretende enfrentar a temática da epistemologia jurídica, notadamente a justificação do conhecimento jurídico. Nesse sentido, necessário se faz consignar premissas conceituais antes de avançar na investigação sobre o objeto de estudo propriamente dito.

Assim, à guisa de fundamentação teórica, traz-se, na presente seção, elementos teóricos a respeito da epistemologia como disciplina filosófica, a etimologia do termo aplicado, seu conceito e breves aspectos históricos. Em seguida, serão apresentadas as principais teorias de justificação do conhecimento, quais sejam, o fundacionalismo e o coerentismo, bem como uma abordagem mais ampla a respeito do saber que é o pragmatismo.

1.1 CONCEITUANDO A EPISTEMOLOGIA

Um ponto de partida para o estudo conceitual da epistemologia pode ser a análise desse termo, epistemologia, do ponto de vista etimológico. Considerando etimologia, em apertada síntese, como o estudo da origem e evolução dos vocábulos de um idioma, pode-se trazer a lição de Hilton Japiassu (1979, p. 24), para quem "[...]'Epistemologia' significa, etimologicamente, discurso (*logos*) sobre a ciência (*episteme*).".

Por outro lado, para Orlando David (2016), em grego, os vocábulos referenciados são λóγος (*logos*) e Ἐπιστήμη (*episteme*) e *episteme* deve ser compreendido num sentido muito mais amplo do que o de ciência, como apontado no autor acima e como entende-se contemporaneamente, identificando-se muito mais com a ideia de "saber" ou de "conhecimento".

O sítio etimológico grego do vocábulo liga-se fundamentalmente a sua origem como disciplina filosófica. Não é por acaso que recorre-se a esse idioma ao enfrentar o estudo da teoria do conhecimento, pois a mais referencial obra ocidental da antiguidade a respeito de um "discurso sobre o saber" é o diálogo platônico Teeteto. A título de contextualização a respeito da obra, trata-se de um diálogo da maturidade platônica, cujos personagens são Sócrates, Teodoro e Teeteto.

Nesse diálogo os interlocutores se dedicam às questões fundamentais pertinentes ao conhecimento, ao saber, à busca pela apreensão e compreensão verdadeira da realidade. Para Edson Bini (2007, p. 9), "a questão central do Teeteto é a busca da definição de conhecimento, pressupondo a indagação: no que consiste o conhecimento?". Esse diálogo é reconhecidamente a base do que viria a ser o pensamento epistemológico ocidental, pois constitui a fonte remota de todas as teorias epistemológicas, das mais variadas.

Ainda na senda do estudo etimológico do termo epistemologia, impende notar o que diz Silva (2010, p. 141) a respeito de como se apresenta o vocábulo no Teeteto:

> Saber, sabedoria, conhecimento e ciência são as palavras frequentemente utilizadas para traduzir em nossa língua o termo grego *episteme*, que, de fato, em certa medida engloba as nuanças e diferenças de significados daquelas palavras. Em Platão, *episteme* comumente designa um processo ou um estado mental contrastante com a simples opinião. A busca do significado próprio desse termo é justamente o objeto do Teeteto, que parece jogar com distintas formas de conhecimentos referidas com o mesmo nome *episteme*.

Enfrenta-se no texto a relevante questão linguística por detrás do entendimento correto da realidade. Numa antecipação milenar ao positivismo lógico, se se permite a analogia grosseira, o diálogo platônico parece ter antevisto que as questões relativas ao conhecimento ligam-se tanto à própria essência do objeto cognoscível quanto à formulação linguística da sentença a seu respeito.

Continuar no caminho que se abre pela menção ao Teeteto desviaria o foco do objetivo dessa parte do trabalho, que é a determinação conceitual da epistemologia. Por essa razão, volta-se as atenções para a definição de epistemologia, a manter-se a lembrança, todavia, da sua origem na tradição filosófica grega e da busca pelo conhecimento, especialmente porque, no próximo tópico, as discussões sobre o conhecimento propriamente dito serão retomadas.

A palavra epistemologia, segundo Jenny Keefe (2007), foi utilizada pela primeira vez pelo filósofo escocês James Ferrier. Diz a autora:

> *Epistemology, or the theory of knowledge, is a well established area of philosophy. What is perhaps less commonly known is that the philosopher who was the first to use the term 'epistemology' was Ferrier. This proved to*

*be an apt name for the philosophical study of knowledge, and has been used
ever since, although the term's origins and his own epistemology are now
largely unknown[1] (KEEFE, 2007, p. 298).*

O esforço teórico do filósofo foi no sentido de desenvolver uma
"nova filosofia escocesa" (KEEFE, 2007, p. 297), indo além da filosofia
realista *commom sense* do iluminismo escocês e a beber diretamente do
idealismo alemão. De qualquer forma, para Ferrier, a epistemologia busca
entender como o conhecimento é possível e o que é o saber, para quem o
saber envolveria, diretamente, uma síntese entre o sujeito e o objeto
(KEEFE, 2007).

Segundo o próprio Ferrier (1875, p. 48), em passagem de Instituto
da Metafísica: a Teoria do Saber e do Ser em que explica o porquê de
dividir sua obra em epistemologia e ontologia:

> Essa divisão explora e explica as leis tanto do conhecimento
> como do saber - em outras palavras, as condições do conhecer;
> debruçando-se sobre as leis necessárias, como leis de todo o
> saber, e as leis contingentes, como leis do nosso saber e do
> nosso pensar. Esse ramo da ciência é propriamente chamada de
> EPISTEMOLOGIA - a doutrina ou teoria do conhecimento,
> tal como a ontologia é a doutrina ou teoria do ser.

As ideias conceituais de Ferrier se encaixam com a intuição firmada
a partir da análise isolada dos elementos que compõem o nome
epistemologia, quais sejam, os vocábulos gregos para conhecimento
(*episteme*) e (*logos*). Do mesmo modo, coaduna-se perfeitamente com a ideia
central do esforço desenvolvido no diálogo platônico considerado a base
da epistemologia, o Teeteto: um discurso racional acerca do
conhecimento, da atividade de conhecer.

A bem da verdade, o estudo do conhecimento, o que se poderia
chamar de teoria do conhecimento e portanto epistemologia, desenvolve-
se lateralmente com a filosofia ocidental. Desde os diálogos platônicos
como *Teeteto* e *A República,* notadamente na *Alegoria da Caverna* (Livro VII);
passando por Santo Agostinho em *Confissões* (a exemplo, o Capítulo V, do
Livro Terceiro e Capítulo IV do Livro Quinto); por Santo Tomás de

---

[1] Tradução livre: "A epistemologia, ou teoria do conhecimento, é uma área bem
estabelecida da filosofia. O que talvez seja menos conhecido é que o filósofo que foi o
primeiro a usar o termo "epistemologia" foi Ferrier. Este provou ser um nome adequado
para o estudo filosófico do conhecimento, e tem sido usado desde então, embora as
origens do termo e a sua própria epistemologia sejam agora em grande parte
desconhecidas."

Aquino, na *Suma Teológica* (Questões 14 e 79 da Primeira Parte, especialmente esta última, sobre os poderes intelectuais do homem) e então seguindo na filosofia do renascimento e da modernidade, o conhecimento permaneceu como um dos objetos de atenção fundamentais da filosofia.

A contribuição de James Ferrier foi com a identificação da teoria do conhecimento com um termo específico, permitindo seu desenvolvimento como disciplina filosófica autônoma e passando a identificá-la como o ramo da atitude filosófica voltada à especulação sobre o próprio conhecimento.

Diante de tudo o que foi dito, é possível partir para uma síntese conceitual do que é a epistemologia que permita avançar para as próximas temáticas a serem enfrentadas.

Utilizando uma definição dicionária captada do *The Cambridge Dictionary of Philosophy*, em tradução para o espanhol, pode-se entender a epistemologia como "estudio de la naturaleza del conocimiento y la justificación, y, más específicamente, el estudio de a) sus caraterísticas definitorias, b) sus condiciones sustantivas, y c) los límites del conocimiento y la justificación." (DORON; PAROT; 1998, p. 292-293).

A partir de outra síntese conceitual, da Stanford Encyclopedia of Philosophy, tem-se, em tradução livre, que:

> Epistemologia é o estudo do conhecimento e da crença justificada. Como estudo do conhecimento, a epistemologia é voltada às seguintes questões: quais são as condições necessárias e suficientes para o conhecimento? Quais são suas fontes? Qual é sua estrutura, e seus limites? Como estudo da crença justificada, a epistemologia objetiva responder a questões como: como entendemos o conceito de justificação? O que fazem crenças serem justificadas? A justificação é interna ou externa à própria mente de alguém? (STEUP, 2017)

Para enriquecer um pouco mais as definições trazidas, veja-se a definição de epistemologia para Moser (2002, p. 8):

> Dentro da disciplina da filosofia, a epistemologia é o estudo da natureza do conhecimento e da justificação: em particular, o estudo de (a) os componentes definidores, (b) as condições substantivas de fontes e (c) os limites do conhecimento e da justificação. As categorias (a) - (c) levaram à controvérsia filosófica tradicional sobre a análise do conhecimento e da

justificação, as fontes de conhecimento e justificação (no caso, por exemplo, do racionalismo versus empirismo) e o status de ceticismo sobre conhecimento e justificação.

Vê-se as semelhanças entre o conceito trazido acima e as ideias demonstradas por Ferrier e mesmo em *Teeteto*, a mencionar rapidamente linhas atrás e para onde essa investigação retornará logo a seguir. Tanto da posição de Ferrier quanto das definições sintéticas trazidas acima é possível inferir a ideia conceitual da epistemologia como estudo sobre o conhecimento e a justificação do conhecimento.

Para Dutra (2010, p. 9), "epistemologia é o termo que mais frequentemente empregamos hoje para nos referirmos à 'teoria do conhecimento' – a disciplina tradicional dos currículos dos cursos de filosofia.". Trata-se, portanto, de disciplina filosófica voltada para o estudo do conhecimento, em arremate.

1.2 SOBRE O CONHECIMENTO

Estabelecido que a epistemologia é o estudo sobre o conhecimento justificado, o próximo passo no caminho intentado é entender o que se pode determinar como conhecimento e relacioná-lo à epistemologia. De antemão, forçoso é consignar que seria impossível desenvolver um recorte completo sobre as diversas teorias que conceituam e explicam o conhecimento.

Ao contrário, apresentar-se-ão os elementos fundamentais para a compreensão da teoria do conhecimento e da epistemologia, especialmente aqueles inclinados ao tema propriamente dito desta dissertação, a epistemologia jurídica do direito privado.

Dito isso, volvam-se às ideias apresentadas no diálogo *Teeteto* para tratar do conceito de conhecimento, inicialmente, usando essa obra como fio condutor das discussões mais relevantes, para essa produção e para o panorama científico mais alargado, sobre o conhecimento até o presente.

Como se disse, o tema central do diálogo platônico referido é o conhecimento. Nele, que tem como principais interlocutores Sócrates e Teeteto, evidencia-se o processo socrático de argumentação, o método maiêutico-dialético, onde o filósofo ateniense faz nascer, a partir do diálogo com o matemático Teeteto, as ideias que haviam dentro dele a respeito do conhecimento (ZENI, 2012). Percebe-se o desenvolvimento da ideia do conhecimento a partir do ponto mais grosseiro, da experiência, a um nível mais sutil, o do conhecimento como opinião verdadeira associada ao discurso racional.

O processo de determinação do conhecimento trazido na obra abarca três definições de *episteme*, apresentadas em três partes diferentes do diálogo, a saber: a) o conhecimento como percepção (a partir de 151e); b) o conhecimento como opinião verdadeira, discutida no diálogo a partir de 187b e, por fim; c) o conhecimento como opinião verdadeira associada ao discurso racional, em 201d (BINI, 2007).

O conhecimento baseado na percepção, demonstra Sócrates, é falível porque as percepções são fonte de engano, vez que aquilo que parece ao indivíduo não tem correspondência com o ser. Assim diz o próprio Platão, por Sócrates: "[...], está longe de ser verdadeira a afirmação de que todas as coisas que aparecem ao indivíduo também são. Pelo contrário, nenhuma das coisas que a ele aparece efetivamente é." (PLATÃO, 2007, p. 66, 158a).

O segundo nível a qual se pode relacionar o conhecimento é o da opinião verdadeira. Aqui, a percepção é substituída pela opinião, que pode indicar o conhecimento. Todavia, Sócrates demonstra que pode haver a opinião falsa e esta não pode corresponder ao conhecimento. Diz Teeteto, no diálogo: "afirmar que toda opinião é conhecimento é impossível, Sócrates, já que há a falsa opinião. Mas provavelmente a opinião verdadeira seja conhecimento.". (PLATÃO, 2007, p. 114, 187b).

Nesse ponto, Sócrates trata da distinção entre *doxa (δόξα)*, a mera opinião, e a *episteme*, o conhecimento verdadeiro. Sócrates demonstra, a partir da noção de *allodoxia*, isto é, da troca de representações, usando também os símiles do bloco de cera e do aviário, que pode ocorrer erro entre a sensação captada e o pensamento (ZENI, 2012).

Em verdade, a percepção de dualidade entre opinião e conhecimento é algo anterior ao pensamento platônico, tendo passado a integrar o cânone dos elementos da filosofia ocidental desde muito cedo. Como lembra Lucas Gontijo e Marco Antônio Alves (2017, p. 136):

> *After having accepted Parmenides' thesis of dividing the areas of human knowledge into episteme and doxa, Aristotle claims that is a characteristic of man to search for precision, which is only possible, in each gender of thing, to the proportion admitted by the nature of the issue (Nicomachean Ethics, I 3, 1094b 24 and on; Metaphysics, II, 3, 995a 15)*[2].

---

[2] Tradução livre: "Após ter aceitado a tese de Parmênides de dividir as áreas do

Como consigna o autor, a dualidade *episteme* e *doxa* é algo já reconhecido no pensamento dito pré-socrático, com Parmênides, e continua a permear a filosofia ocidental em Aristóteles e, também, no campo dos filósofos estoicos (GONTIJO; ALVES, 2017). Entretanto, para fins da demonstração aqui exposta nesse momento, relativa ao surgimento da ideia da teoria do conhecimento, retorna-se ao diálogo platônico fundamental sobre a matéria.

Após o discurso sobre a opinião e o conhecimento, no cenário do diálogo, Sócrates faz Teeteto estabelecer a ideia de conhecimento como opinião verdadeira associada ao discurso racional (PLATÃO, 2007, p. 139, 201d). Essa definição, segundo Zeni (2012, p. 16), "é considerada a primeira formulação do que hoje se chama a análise clássica do conhecimento: crença verdadeira justificada. S conhece p, se e somente se, p é verdadeiro; S acredita que p; S tem justificativas apropriadas para acreditar em p, onde p é uma proposição factual qualquer.".

Importa conceituar "proposição" para melhor verificar o conteúdo do conceito de conhecimento. Segundo McGrath e Frank (2018) dizem que "proposições são comumente tratadas como os significados ou, para usar uma terminologia mais padrão, os *conteúdos semânticos* de sentenças, e são comumente tomadas como centrais para a semântica e a filosofia da linguagem." (tradução nossa; itálicos mantidos como original).

Proposições seriam o conteúdo de significados de uma sentença, de uma afirmação, asserção; um enunciado a respeito de algo, que pode referir-se tanto a ideias quanto a coisas, pessoas, acontecimentos, sugestões; enfim, qualquer coisa que possa ter um significado relacional. Sinônimo muito recorrente para proposição, especialmente nos epistemólogos de língua inglesa, é crenças (*beliefs*). Nesse trabalho, ambos os termos serão utilizados.

A ideia platônica de conhecimento como saber ou crença que é verdadeira e, ao mesmo tempo, consegue ser justificada por um esquema racional de apresentação de ideias (*logos*), permanece como um dos paradigmas mais fundamentais da teoria do conhecimento, da epistemologia.

Trata-se de uma afirmação que propõe elementos tradicionalmente vistos como fundamentais para o conhecer seguro: 1) estar o objeto cognoscível no domínio do sujeito 2) ser o objeto cognoscível verdadeiro,

---

conhecimento humano em *episteme* e *doxa*, Aristóteles afirma que é característico do homem a busca pela precisão, o que só é possível, em cada gênero de coisa, na proporção admitida pela natureza do problema.

isto é, representar correspondente direto com a realidade; e, 3) haver, por detrás da obtenção desse saber, razões que o justifiquem.

A ressalva necessária que se precisa fazer sobre esses três elementos, ainda que superficial, nesse momento, visto que esse assunto será enfrentando posteriormente, é que a separação entre sujeito e objeto no processo de conhecimento não é reconhecido como um paradigma da epistemologia contemporânea. Essa cisão permanece com importância didática e explicativa mas não mais substancial.

Evidentemente, a definição de conhecimento em si já foi objeto de intenso debate das nas mais diversas vertentes e escolas filosóficas, bem como seus caracteres distintivos. Vega-Encabo (2016) trata do conhecimento como universal, onipresente, já que o verbo "conhecer" é um dos verbos mais usados na prática linguística cotidiana, estando presente em todos os idiomas do mundo todo. Também é o conhecimento avaliativo, pois permite discriminar quem detém certos conhecimentos sobre determinado objeto e, também, o conhecimento é objetivo, pois quando um conhecimento é aplicado corretamente atinge-se à resposta satisfatória de uma questão.

Dentre as diversas formas pelas quais se pode conceituar o conhecimento, duas delas se destacam: a chamada visão da certificação, como a nomeia Vega-Encabo (2016), e a visão do conhecimento como recurso para tornar explícito o que está implícito nas práticas sociais discursivas, seguindo as ideias de Brandom (2001).

A primeira visão, defendida por Kappel (2010) e Kelp (2011), foca na função certificadora, garantidora de certezas do conhecimento. Para o autor, *"the truth matters"* (KAPPEL, 2010, p. 06). A verdade ocupa lugar de importância para os nossos conceitos, para a nossa ordenação na vida prática, no dia a dia. Disso decorre a importância do conhecimento, aliado à verdade. Para Kappel (2010, p. 8), o conhecimento tem a ver com duas necessidades conceituais: "[...] *the need for an inquiry-stopper and the need for transmitting fully trusted information.*".

A necessidade de determinar um *"inquiry-stopper"*, em tradução livre, uma "parada investigativa", relaciona-se com a necessidade de formulação de um predicado que consiga expressar uma sentença acerca de alguma coisa. Trata-se eminentemente de uma visão pragmática do conhecimento, como ferramental para comunicação e para a vida em sociedade (KAPPEL, 2010).

Nesse particular, entende-se que o pensamento de Kappel aproxima-se da justificação fundacionista do conhecimento, sobre o qual se falará no subtópico a seguir.

De outra banda, a necessidade de transmitir informações plenamente confiáveis (*the need for transmitting fully trusted information*) como segunda das necessidades ligadas à ideia do conhecimento relaciona-se diretamente à primeira. Afinal, a ideia de conhecimento como ferramenta de transmissão de asserções corretas (confiáveis) sobre a realidade liga-se diretamente ao seu conceito (KAPPEL, 2010).

A relação entre essas duas necessidades se apresenta porque a transmissão de informações totalmente confiáveis repousa, em certo ponto, mesmo que derradeiro, na determinação de uma expressão predicativa construída sob argumentos ou conceitos representativos da dita parada investigativa, que almeja ter conseguido um nível de certeza acerca da proposição que lança.

Passe-se agora a discorrer sobre a outra visão conceitual do conhecimento proposta por Vega-Encabo (2016), aquela que o entende como recurso para tornar explícito o que está implícito nas práticas sociais discursivas. Tal forma de enxergar o conhecimento tem como nome expressivo o de Robert B. Brandom.

Segundo o Brandom (2001, p. 119):

> Ao dizer que alguém tem "conhecimento", está-se a fazer três coisas: *atribuindo um vínculo* que é possível de servir ao mesmo tempo como premissa e como conclusão de inferências relacionando-as a outros vínculos, *atribuindo títulos* a esse vínculo, e *empreendendo* esse vínculo nele mesmo. Fazer isso é adotar uma articulação ou posição complexa, essencialmente social, no jogo de dar e pedir razões.

Assim, o conhecimento não é apenas um posicionamento verdadeiro racionalmente demonstrável mas sim, para Brandom, uma rede de significados, essencialmente sociais, que representam um vínculo, um comprometimento (no original em inglês, o autor usa *commitment)* entre termos que assumem um caráter epistêmico sem necessariamente estarem ligados à teoria do conhecimento escolástica, por assim dizer.

Para Vega-Encabo (2016, p. 193):

> Brandom coloca os "fazeres" em primeiro plano e os "fazeres particulares" dentro das práticas discursivas. No seu núcleo, nós encontramos asserções e julgamentos, como unidades de

entendimento e conhecimento. Fazer asserções e julgar são ambas práticas conceituais e objetivos epistêmicos implícitos.

Vega-Encabo (2016) aponta a dimensão pragmática do pensamento epistemológico de Brandom, para quem o simples ato cotidiano de fazer asserções ou julgamentos (pode-se imaginar como exemplo asserções sobre a previsão do tempo; o melhor caminho a se tomar para um destino; a melhor maneira de se cozinhar um prato) trata-se de um ato epistêmico envolto de práticas conceituais, especialmente perante o interlocutor. Continuando com Vega-Encabo (2016, p. 193):

> A dimensão epistêmica da prática discursiva já é dada com a aplicação conceitual. Práticas conceituais são práticas epistêmicas mesmo se nós não formos capazes de descrevê-las usando termos epistêmicos explícitos, isto é, desenvolvendo conceitos como conhecimento, justificação ou confiabilidade.

Vê-se, em Brandom, o pensamento epistemológico presente na prática discursiva cotidiana, ampliando seu campo para além da filosofia, teoria do conhecimento ou pensamento científico em geral. Mas essa não é a única matiz epistemológica no pensamento de Brandom. Outra preocupação desse autor é o vocabulário que permite aos falantes as práticas discursivas e, por via de consequência, viabiliza a prática epistêmica.

Vega-Encabo (2016, p. 193) diz que a função dos conceitos epistêmicos, para Brandom, "não é descrever um estado especial ou ato de cognição mas permitir a seus usuários tornar explícitos o que permanece implícito nos seus objetivos de saber, isto é, no núcleo de nossas práticas discursivas".

Diante do trazido nesse tópico, é possível traçar linhas conceituais para o conhecimento, primeiro, a partir da sua definição tradicional, que remonta a antiguidade clássica, como a crença verdadeira e justificável. Indo além, pode-se ter como conhecimento, igualmente, a formação de sentidos e conceitos através da e para viabilizar a prática social, a satisfazer necessidades de transmissão de sentidos baseada em conceitos verdadeiros.

1.3 SOBRE A JUSTIFICAÇÃO DO CONHECIMENTO

Partindo do conceito acima construído e das lições dos autores trazidos, surgem, de imediato, dúvidas acerca da construção do conhecimento, notadamente sobre os elementos que constituem esse conceito. Um deles é a ideia da justificação. Passa-se a trabalhar essa ideia na presente seção.

A noção de justificação tem a ver com a estrutura do pensamento aplicado para se chegar ao conhecimento. Dirige-se à necessidade de organização da estrutura de raciocínio para que o conhecimento seja realmente atingido, para que a construção do saber se dê, efetivamente. É importante trazer o que se diz sobre a justificação. Segundo Williams (2012, p. 97):

> Justificar uma crença é tipicamente dispor evidências, oferecer e defender referências, refutar por meio de explicações as contraprovas aparentes, e, assim por diante, bem como o faz um juiz diante de um assunto em exame. Justificar, em outras palavras, é simplesmente fundamentar, na concepção mais aceita do termo: mostrar que as crenças de uma pessoa provavelmente são verdadeiras.

A precisão desse conceito é suficiente para entender o que está por detrás do esforço de justificação ou da razão epistêmica (FOLEY, 1987): justificar é empreender uma atividade racional através da qual se possa fundamentar um saber, uma crença. Percebe-se a relação direta entre a definição de justificação com um dos elementos presentes na definição de conhecimento trazida no diálogo platônico *Teeteto*, pois, sendo o conhecimento a opinião verdadeira e justificada racionalmente, é fundamental para o próprio conceito de saber a justificação do próprio saber. É na racionalidade do discurso que reside a sua justificação.

A partir do emprego de métodos de racionalidade, em uma acepção ampla desse termo, poder-se-ia construir um discurso reconhecido como conhecimento, submetido ao escrutínio da razão. Uma das questões fundamentais da teoria do conhecimento (da epistemologia) é o estabelecimento de um processo sólido de justificação de uma crença, vindo a surgir diversas teorias, a objetivar a obtenção da justificação.

Apresentar-se-á, a seguir, as principais e mais pertinentes, para os fins desse trabalho, teorias de justificação do conhecimento. Mas antes, cumpre tentar definir onde residirá a justificação dentro do raciocínio epistêmico. Recorre-se, abaixo, a exemplo esquemático amplamente difundido nas obras sobre epistemologia[3].

Imagine-se que um dado sujeito *(S)* tem uma crença em uma proposição, a qual se chama *(P)*. Pode-se aqui preencher esse esquema com qualquer conteúdo: um sujeito *(S)* acredita que choveu na noite anterior e pensa a proposição *(P)*: "choveu na noite anterior"; ou ainda, o sujeito *(S)* formula a proposição *(P)* como "nesse cruzamento houve um acidente de carro". Para a proposição, a qual se pode chamar de crença, do sujeito ser considerada como conhecimento, há que se conjugar alguns fatores:

(P) há que ser verdadeira;

(S) acredita na proposição *(P)*;

(S) está justificado em acreditar que/em *(P)*.

Esse esquema epistêmico é o desenvolvido no *Teeteto* e amplamente considerado como a base do conhecimento dito proposicional, isto é, que tem por objeto uma proposição, uma afirmação, uma asserção.

Para que a proposição seja qualificada como conhecimento ela precisa ser verdadeira. Em outro momento desta seção se discutirá a relação entre verdade e conhecimento, mas, por hora, entenda-se a verdade como qualidade da proposição que muito provavelmente representa a realidade, resistindo a refutações (POPPER, 2013).

O sujeito conhece se sabe, se acredita em algo. Essa relação sujeito e proposição é fundamental para a qualificação do saber como conhecimento; já em *Teeteto*, Platão (2007) deixa claro que não se pode saber o que não se sabe e sabe-se o que se sabe, *permissa venia* às repetições. Desse modo, a proposição é conhecimento quando está no círculo de domínio da intelecção do sujeito.

Por derradeiro vem o aspecto da justificação. O conhecimento, a partir desse esquema epistêmico, não basta ser apenas verdadeiro, devendo também ser justificado. Por outro lado, também, não basta o sujeito acreditar numa proposição para que ela subsista como verdadeira, à luz da epistemologia. As crenças dos sujeitos se espraiam pelos mais diversos âmbitos da existência humana: religião, política, ética, e por aí em diante.

---

[3] Exemplos dessa natureza podem ser encontrados em Platão (2007), Fumerton (2014), Dutra (2010), Sosa (2012), Zagzebski (2012), Alston (2012), Vega-Encabo (2016) e outras tantas obras sobre epistemologia.

Alguém pode crer numa entidade metafísica superior ou que repetir determinadas práticas lhe trará boa sorte em jogos e apostas (superstição). Essas crenças dizem respeito a questões de foro íntimo que muito dificilmente interessam ao epistemólogo. O sujeito pode ter uma razão particular para crer em tais proposições: tradição familiar religiosa, comportamento social de turba ou a mera valores morais cultivados internamente. Para Fumerton (2014, p. 17), "[...] as razões morais não são o tema central da epistemologia". Do mesmo modo opera-se com razões religiosas.

Continuando com o mesmo autor, "as razões que interessam ao epistemólogo são aquelas que, caso sejam boas, devem tornar provável (ou ao menos aumentar a probabilidade) da proposição que se crê ser verdadeira.". (FUMERTON, 2014, p. 17).

Percebe-se a importante posição que o aspecto da justificação ocupa para o pensamento epistemológico: a crença verdadeira somente é entendida como conhecimento se estiver justificada. Retirado esse elemento, trata-se apenas de um saber acidental, um acaso epistêmico (ZAGZEBSKI, 2012).

Pode-se citar um exemplo de acaso epistêmico para ilustrar seu conceito: um sujeito *(S)* estabelece a seguinte proposição *(P)*: "hoje pela manhã aconteceu um acidente de trânsito nesse cruzamento". *(S)* não testemunhou o acidente *in loco,* não viu nenhum tipo de destroço na localidade, não ouviu nenhum comentário, não assistiu a nenhuma notícia; apenas propôs *(P)* mas, coincidentemente, por acaso, sua proposição estava certa e realmente acontecera um acidente de trânsito naquele local naquela manhã.

Não se pode dizer que a sentença de *(S)* seja conhecimento do ponto de vista epistêmico. Certamente ela satisfaz os dois elementos do esquema trazido acima, posto que o sujeito acredita na proposição e ela é verdadeira. No entanto, a justificação da proposição é inexistente. Não há fundamentação suficiente que baseie a crença de *(S)* em *(P),* de modo que sua correspondência acidental à realidade não pode qualificá-la como conhecimento.

Posto o conceito de justificação e estabelecida sua posição no esquema epistêmico geral da crença verdadeira e justificada, agora sim cumpre trazer à lume as principais e mais pertinentes, para os fins desse trabalho, teorias de justificação do conhecimento.

1.3.1 O fundacionalismo[4]

O fundacionalismo consiste na principal teoria da justificação do conhecimento do ponto de vista histórico e de aceitação para os epistemólogos (BURDZINSKI, 2007), bem como a mais famosa teoria de justificação do conhecimento (FUMERTON, 2014).

Para compreender o conceito de fundacionalismo, é preciso regressar à demonstração da estrutura epistêmica trazida acima e apresentar um elemento fundamental para a formação do conhecimento, o raciocínio inferencial.

Kant (1992, p. 135), conceitua inferência, ou inferir, como " a função do pensamento pela qual um juízo é derivado de outro. Uma inferência em geral é, pois, a derivação de um juízo a partir de outro.".

Diante disso, percebe-se a importância do qual a inferência e o processo inferencial gozam na formação do saber, até o mais ordinário. Se um sujeito *(S)* passa numa rua e vê pedaços de vidro de carro naquela rua ele está justificado a crer que ali houve um acidente, enunciando a proposição *(P)* "aqui houve uma colisão de veículos que resultou na quebra da janela de um dos automóveis". O processo de formação dessa proposição é inferencial pois *(S)* conclui que a presença de vidro de carro espalhado pelo chão indica com alta probabilidade ter havido um acidente naquele local.

Segundo Fumerton (2014, p. 62):

> Parece que a maioria das verdades que sabemos só é reconhecida por nós porque estamos em condições de inferir essas verdades a partir de outras proposições que sabemos. Quando nossa justificação para crer que P consiste, em parte, na posse de outras crenças justificadas, dizemos que a justificação é inferencial. Quando nosso conhecimento de que P é constituído, em parte, pelo conhecimento de outras proposições, podemos chamá-lo de conhecimento inferencial.

O conhecimento em geral é baseado fortemente em inferências. Nelas repousam desde as determinações e julgamentos cotidianos do homem à fundamentação do conhecimento científico, em certa medida.

---

[4] O termo na língua inglesa que identifica o objeto das próximas discussões é *foundationalism*. A tradução largamente usada nos livros sobre epistemologia editados em português é fundacionalismo. BURDZINSKI (2007) e WILLIAMS (2014) utilizam o termo fundacionismo. Nesse trabalho optou-se usar fundacionalismo.

Eis o processo inferencial da justificação e, portanto, a formação do conhecimento inferencial: de uma crença justificada advém uma outra crença, encontrando esta segunda sua justificação na primeira. É possível que essa cadeia se torne mais complexa, seja pela necessidade de pluralidade de crenças justificadas para formar uma crença por inferência, seja pela ampliação horizontal da justificação inferencial para implicar a crença inferida.

Um singelo exemplo pode vir a calhar para esclarecer a importância do pensamento inferencial na formação do conhecimento.

Uma pessoa acaba de adquirir um eletrodoméstico, uma televisão. Prudentemente, testa o aparelho na loja em que o adquiriu e vê que ele está funcionando. Ao chegar em casa, retira a televisão de sua caixa, arruma o móvel que irá recebê-la e prepara o cabeamento para ligá-la à energia elétrica. Quando está tudo pronto, conecta o cabo de energia do televisor à tomada, esperando que o eletrônico funcione. Para sua surpresa, a televisão não liga, inobstante seus esforços.

Diante disso, o sujeito *(S)* estabelece as seguintes proposições:

(P1): o aparelho televisor está com defeito;

(P2): o aparelho não apresentou esse defeito no momento do teste, na loja;

Dessas proposições, *(S)* infere:

(I): por não apresentar defeito no momento do teste, na loja, o defeito se deve a algo que aconteceu em razão de algum dano causado pelo transporte do televisor ou tem a ver com algum dano causado ao aparelho devido à ligação na energia elétrica da casa.

Tomando que as condições de transporte foram extremamente cautelosas, realizadas pelo próprio sujeito, o que afasta consideravelmente a possibilidade de ser essa a causa do defeito, *(S)* realiza uma última inferência:

(I2): a ligação à rede elétrica foi a causa do defeito no eletrodoméstico.

Essa última inferência também é uma proposição, a de que a ligação elétrica tornou defeituoso o produto. Assim, *(I2)* é ao mesmo tempo *(P3)*.

Para concluir a narrativa, após *(I2)* o sujeito resolve verificar a voltagem indicada no dispositivo e vê que conectou um eletrônico de 110 *volts* numa rede de 220 *volts,* o que teria gerado um curto-circuito no aparelho.

Nesse simples exemplo, percebe-se como o conhecimento se forma a partir do pensamento inferencial: o sujeito esteve fortemente justificado a acreditar que o televisor entrou em curto-circuito em razão da conexão à rede elétrica, inferindo isso do fato de, anteriormente, no momento do teste, o defeito não ter se manifestado e da crença que o transporte se realizou com prudência e segurança. Então, o conhecimento foi justificado pelas proposições que lhe foram anteriores a partir de um processo de inferência.

O processo inferencial de justificação apresenta o seguinte desafio ao seu raciocínio: se pela justificação inferencial *(S)* acredita que *(P)* por inferi-lo de outra proposição, *(P2),* ele só estaria justificado a acreditar nesta proposição porque ela é inferida de *(P3),* que, por sua vez, só pode ser crível se inferida de *(P4)* e assim *ad infinitum.* Isto é: a crença baseada em uma inferência repousa em outra inferência que repousa em outra inferência num raciocínio inferencial sem fim.

Esse problema epistêmico é conhecido como regresso ao infinito (FUMERTON, 2014) ou regresso epistêmico (BONJOUR, 2012). O regresso epistêmico demonstra que se for adotada uma postura radicalmente cética na aceitação das inferências, questionando as proposições das quais elas se originaram, essa tendência se repetiria infinitamente e tornaria a atividade cognitiva simplesmente inviável. Como aponta Fumerton (2014, p. 66), "seres infinitos não podem completar uma cadeia de raciocínio infinitamente longa – e, portanto, se toda justificação fosse inferencial, ninguém jamais estaria justificado em crer em qualquer coisa.".

Diante disso, surgiria a necessidade do estabelecimento de um argumento de parada a fim de evitar o regresso epistêmico e restabelecer a viabilidade do próprio conhecimento. Para satisfazer essa necessidade estabeleceu-se, no pensamento epistemológico, a teoria fundacionalista de justificação do conhecimento.

A única forma de evitar o regresso ao eterno no pensamento epistemológico baseado no ceticismo radical é a partir da determinação de fundamentos do conhecimento que serviriam como ponto de partida mais básico para as inferências que sustentariam

Conceitualmente, segundo Cassini (1988, p. 67):

> *Se llama fundacionismo, en general, a la doctrina gnoseológica que sostiene la existencia de fundamentos del conocimiento, es decir, de ciertos conocimientos básicos y primeros mediante los cuales, directa o indirectamente, se justifican todos los restantes. [...] Fundacionista es aquel que sostiene que la justificación de los conocimientos depende, directa o indirectamente, de ciertas creencias básicas. Son básicas las creencias que no se justifican por medio de otras creencias.[5]*

O fundacionalismo é pensado como uma forma de solucionar o problema epistêmico do regresso ao infinito, apontando que há um tipo de proposições ou um tipo de conhecimento que é de natureza não-inferencial, isto é, não retira sua validade de uma outra proposição a partir da inferência, mas sim a detém *de per si.*

Cassini (1988) aponta que a origem da ideia fundacionalista remonta ao pensamento aristotélico, que reconhece, por exemplo, princípios primeiros de ordenação do processo dedutivo-inferencial que servem como fundamento para os outros conhecimentos. É o que se pode perceber nos Analíticos Posteriores, onde Aristóteles (2005, p. 257):

> Nós, contudo, sustentamos que nem todo conhecimento é de natureza demonstrativa. O conhecimento das premissas imediatas não é demonstrativo. E é evidente que assim deva ser, já que é necessário conhecer as premissas anteriores com base nas quais a demonstração progride e, se o retrocesso finda com as premissas imediatas, tem estas que ser indemonstráveis. Esta é a nossa doutrina a esse respeito. Na verdade, não só sustentamos ser possível o conhecimento científico, como também que há um específico primeiro princípio do conhecimento graças ao qual reconhecemos as definições.

Outro conceito que se pode apresentar para colorir ainda mais essa exposição, pode ser o de Daniel (2014, p. 59), para quem:

> O fundacionalismo em epistemologia advoga que, se há conhecimento, a estrutura de nosso sistema de crenças, quanto à justificação, deve conter crenças não-básicas, que derivam a sua justificação da razoabilidade de outras crenças em virtudes

---

[5] Tradução livre: "Se chama de fundacionismo, em geral, a doutrina gnoseológica que sustenta a existência de fundamentos de conhecimento, isto é, de certos conhecimentos básicos e primeiros mediados pelos quais, direta ou indiretamente, se justificam todos os restantes. [...] Fundacionista é aquele que sustenta que a justificativa dos conhecimentos depende, direta ou indiretamente, de certas crenças básicas. São crenças básicas que não se justificam por meio de outras crenças."

de suas relações inferenciais e crenças básicas, que estão justificadas não-inferencialmente, sem recurso a outras crenças.

A pergunta justa que surge ao se conceituar a visão do conhecimento não inferencial é: quais seriam os conhecimentos fundamentais encarados como verdadeiros, indemonstráveis (ARISTÓTELES, 2005) ou auto-justificáveis em si mesmos?

Na resposta a essa indagação reside a divisão das teorias da justificação fundacionalistas em diversos grupos, dos quais poder-se-iam destacar o fundacionalismo tradicional ou internalista e o fundacionalismo externalista. É muito importante destacar que a classificação abaixo exposta tem o intuito de apresentar didaticamente as abordagens de justificação fundacionalista, não consistindo numa classificação estanque. Basta ver que a posição epistemológica de filósofos como Carnap a respeito do fundacionalismo teria mudado significativamente em sua trajetória acadêmica[6].

1.3.1.1 Fundacionalismo tradicional ou internalista

A primeira forma de fundacionalismo apontada por Fumerton (2014) é a que o autor chama de fundacionalismo tradicional ou internalista. Ainda com Fumerton (2014, p. 83):

> A interpretação mais natural da tese do internalista sobre a natureza da justificação – uma sugerida pelo próprio nome da posição – é a de que a justificação que uma pessoa tem para crer em uma proposição P em determinado momento é constituída somente pelos estados internos da pessoa naquele momento.

Dessa definição surge a necessidade de apreender o que seriam esses "estados internos" como elemento componente do conceito trazido. Adentrar nessa controvérsia é adentrar no âmbito da filosofia da mente e

---

[6] Defendendo um revisionismo na obra de Carnap, cf. Friedman, M. The Re-Evaluation of Logical Positivism. Vol. 88, No. 10, **Eighty-Eighth Annual Meeting American Philosophical Association**, Eastern Division (Oct., 1991), pp. 505-519. Em sentido contrário, por uma unidade do trabalho de Carnap, cf. LISTON, Gelson. Carnap e o revisionismo. **Principia:** an international journal of epistemology, [S.l.], v. 16, n. 1, p. 99-119, aug. 2012. ISSN 1808-1711. Available at: <https://periodicos.ufsc.br/index.php/principia/article/view/1808-1711.2012v16n1p99/22773>. Acessado em: 04 dez. 2017.

no do estudo dos processos psicológicos cognitivos, empresa que desviaria esse trabalho, especialmente nessa passagem, do seu objetivo.

Para tanto, poder-se-ia dizer sobre os estados internos, sinteticamente, como propõe Fumerton (2014, p. 86) como: "aqueles que envolvem somente a instanciação pela pessoa de propriedades não relacionais". Relacionais são as propriedades que estabelecem uma relação entre dados dos sentidos para formar uma conclusão. Se se diz "esse triângulo é azul", está-se a relacionar duas propriedades específicas, cor e forma, para se estabelecer uma propriedade, portanto, relacional (FUMERTON, 2014).

Dito de outra maneira, o epistemólogo que adota uma visão fundacionalista concebe a existência de instâncias fundamentais do conhecimento que preexistem à formação dos juízos relacionais permitindo que estes mesmos juízos se forme. No exemplo trazido acima, seriam juízos preexistentes a noção própria de triângulo e da cor azul.

Naturalmente, do reconhecimento da visão epistemológica fundacionalista internalista pode surgir o problema da determinação desses conceitos tidos como "dados", para usar a terminologia de um dos seus eminentes críticos, Wilfrid Sellars (2008). Ainda com o exemplo acima, é bem possível objetar a acepção não relacional da cor azul como algo na verdade relacional, dependente da percepção do observador e seu juízo do que seria o azul baseado em referências subjetivas dessa cor. Feita essas observações, avance-se a respeito do fundacionalismo tradicional.

Uma olhada no panorama da história da filosofia irá apontar que muitos filósofos antes mesmo da cognominação da epistemologia como ramo do saber filosófico e de sua autonomia enquanto tal já defendiam a perspectiva fundacionalista internalista, daí porque ela se chama tradicional.

Descartes pode ser citado como um exemplo de filósofo fundacionalista internalista. Em Princípios da Filosofia, diz Descartes (1997, p. 43), para quem o conhecimento havia de ser claro e distinto:

> Chamo conhecimento claro àquilo que é manifesto a um espírito atento: tal como dizemos ver claramente os objectos perante nós, os quais agem fortemente sobre os nossos olhos dispostos a fitá-los. E o conhecimento distinto é aquela apreensão de tal modo precisa e diferente de todas as outras que só se compreende em si aquilo que aparece manifestamente àquele que a considera de modo adequado. (Grafia original do português de Portugal mantida)

Portanto, há no pensamento do autor o reconhecimento de atributos individuais dados, necessários, preexistentes, para que se funde o conhecimento: a ideia de clareza e de distinção. A partir dessas, primeiras verdades e evidentes em si, seria possível descobrir outras verdades a partir do procedimento racionalista.

Immanuel Kant também pode ser considerado um filósofo fundacionalista internalista. Há em sua obra capitular, Crítica da Razão Pura, um esforço teórico sem precedentes na determinação de elementos *a priori* que permitiriam o conhecimento da realidade do mundo. A exemplo, Kant (2015, p. 74, B38[7]) diz literalmente que "o espaço é uma representação necessária *a priori* que serve de fundamento a todas as intuições externas.". Mais adiante, repete a mesma ideia com a noção de tempo, para quem "o tempo é, portanto, dado *a priori*. Apenas nele é possível toda a realidade dos fenômenos.". (KANT, 2015, p. 79, B46).

Aliás, o aspecto do dado, do apriorístico, é justamente um dos elementos que marca a filosofia kantiana e que a aproxima da classificação – posterior ao autor, com quem, portanto, nunca se identificou textualmente e por isso passível de críticas – como um pensador fundacionalista. Já o caráter internalista do seu fundacionalismo pode ser extraído de sua visão sobre o processo de conhecimento, que envolve tanto as instâncias interiormente dadas do espaço e tempo e as outras instâncias dos juízos na sua Lógica Transcendental (KANT, 2015).

Para o fundacionalismo internalista, pode-se citar como resposta à indagação trazida alhures, qual seja, quais seriam as formas de conhecimento não inferenciais e portanto dadas as quais serviriam de base para os juízos as referenciadas noções de espaço e tempo de Kant (2015) e clareza e distinção de Descartes (1997).

1.3.1.2 Fundacionalismo externalista

A visão do fundacionalismo internalista seria ladeada pelo fundacionalismo externalista num esforço didático de compreensão dessa teoria de justificação epistêmica. Dentre as teorias fundacionalistas externalistas, destacam-se duas correntes apontadas por Fumerton (2014): a teoria causal do conhecimento e o confiabilismo.

---

[7] Referência à página da edição canônica de 1904 da obra de Immanuel Kant pela Real Academia Prussiana de Ciências.

Tanto a teoria causal do conhecimento quanto a teoria do confiabilismo são da lavra do epistemólogo americano Alvin Goldman, sendo aquela fruto da primeira fase do seu pensamento epistemológico e esta da segunda. No artigo *A causal theory of knowing*, Goldman (1967) defende que a saída para diversos problemas epistemológicos – tratar-se-á do mais expressivo desses problemas no tópico a seguir – e a justificação fundacionalista mesmo repousam na análise das causas que permitem uma conexão legítima entre a crença e a verdade.

Para Goldman (1967), seria preciso um nexo de causalidade entre a crença e a verdade suficiente para firmar a crença como conhecimento. Exemplificando, imagine-se um sujeito que olha para um objeto derrubado no chão e diz: "o vento derrubou esse objeto". O que faria essa proposição ser verdadeira seria uma relação causal entre a verdade dos fatos e a própria proposição em si. A teoria causal do conhecimento parte de eventos (fatos) externos para formar fundamentos não inferenciais, daí porque seu encaixe como teoria fundacionalista externalista.

Em momento posterior do seu desenvolvimento teórico, Goldman apresenta uma outra teoria para o conhecimento: o confiabilismo. Para essa teoria, também externalista e também fundacionalista, segundo Fumerton (2014), o que torna a crença verdadeira, dito de outro modo, o que a justifica como tal e portanto a qualifica como conhecimento é a criação de uma espécie de confiança naquela crença, a partir, por exemplo, da percepção de que aquela crença se repete no tempo como verdadeira e portanto há que ser verdadeira. Para Fumerton (2014, p. 118), "a ideia é a de que a história de uma crença – a maneira pela qual uma crença foi formada – é crucial à sua categorização epistêmica.", isto é, o fato de uma crença se repetir, criar uma história epistêmica, a classificaria com uma crença justificada.

Esse pensamento se encaixa como externalista porque pressupõe um processo externo ao sujeito para a formação da crença conhecimento fundacional não inferencial, que é a confiança do ente doxástico na certeza da crença tendo por base a sua história, a sua manifestação externa (RESCHER, 2003).

1.3.2 O coerentismo

O fundacionalismo, notadamente sua corrente internalista, goza do mais largo prestígio nos círculos de discussão epistêmica (BONJOUR, 2012), do passado ao presente. Isso é um fato que merece destaque, em que pesem as substanciais críticas ao raciocínio fundacionalismo. Todavia, de certo, este não é o único processo de justificação do conhecimento que se pode perceber. A corrente de pensamento fundacionalista encontra no coerentismo um grande rival teórico, se assim se pode chamar.

O coerentismo parte do problema do regresso epistêmico, tal como o fundacionalismo, propondo solucioná-lo, no entanto, de forma substancialmente diferente.

A resposta do fundacionalismo ao problema do regresso ao infinito é pelo reconhecimento da existência de conceitos fundantes do saber; ideias básicas, princípios primeiros, de natureza externa ou interna, os quais servem de fundamento para o conhecimento não-inferenencial. O conhecimento inferencial, por sua vez, é determinado por uma cadeia de raciocínio linear derivada do pensamento aristotélico tradicional e da lógica matemática euclidiana que permite concluir o saber a partir dos processos lógicos tradicionais.

A resposta do coerentismo vai em sentido contrário ao raciocínio linear para formação/apreensão do conhecimento, focando na criação de uma rede de saberes que sustenta o conhecimento e forma um conjunto coerente (daí o nome da posição epistêmica) de crenças capaz de sustentar e formar o conhecimento e justificá-lo – o *network model*.

Segundo Nicholas Rescher (2003, p. 119): "esse modelo de rede vê um sistema cognitivo como uma família de teses inter-relacionadas, não necessariamente dispostas num arranjo hierárquico (como seria com um sistema axiomático) mas sim ligadas uma à outra por uma rede entrelaçada de conexões" (tradução nossa).

A postura coerentista propõe uma mudança na forma em que as proposições se relacionam e se sustentam entre si. Trata-se de uma visão de conhecimento de algum modo holística (BONJOUR, 2012), como uma forma de relações entre múltiplos dados, saberes, informações, conhecimentos em si formando uma rede de conhecimento, como uma rede de crenças – *the web of belief* proposta por Willard Quine e Joseph Ullian (1978).

A diferença de postura para a justificação do conhecimento entre o coerentismo e o fundacionalismo é mais profunda do que pode parecer. Pode-se dizer, de saída, que a postura coerentista prescinde do reconhecimento de uma categorização axiológica de verdades autoevidentes ou autodemonstráveis. Essa é a uma diferença substancial entre essas duas propostas de justificação do conhecimento.

Para o coerentismo, não há razões primeiras a justificar o conhecimento consideradas axiologicamente superiores a outras. Segundo William Roche (2010, p. 243):

> *Coherentists thus claim that no justification is noninferential, and, so, justification has no foundation - no class of beliefs the justification of which is noninferential and serves as the basis of all inferential justification. Instead, justification is holistic in structure. Beliefs, when justified, get their justification together, not in isolation, as members of a coherent belief system*[8].

Esse pensamento rompe com a estrutura tradicional evidenciada por Descartes (1997), Kant (2015) e outros nomes importantes para história da teoria do conhecimento visto que afasta a existência de princípios racionais primeiros a fundamentar ou categorizar o conhecimento. No lugar disso, surge a necessidade de reconhecimento da crença racional como parte de um sistema complexo de crenças, organizado em uma rede inter-relacional.

Outra característica do modelo coerentista de conhecimento é o afastamento da visão de um esquema linear, vertical, hierarquizado de raciocínios capazes de sustentar o conhecimento não-inferencial – que, ficando com as lições de Roche (2010), sequer existiria. Haveria, isso sim, um caminho de círculos e ciclos de justificação de conhecimento, mais ou menos amplos.

Unidos, esses dois fatores – inexistência de proeminência axiológica de certos conceitos e construção da justificação do conhecimento baseado numa rede de saberes – delineiam a tese central do conhecimento para o coerentismo, qual seja, ser ele justificado a partir da interação de elementos de saber igualmente relevantes para a sua sustentação, a partir de uma cadeia de raciocínio cíclica ou circular.

Em verdade, quando comparadas as posturas coerentista e fundacionalista, percebe-se uma inversão do raciocínio epistêmico da primeira em relação à segunda. Enquanto o fundacionalismo parte de uma coleção de certezas absolutas, verdades primeiras e conceitos fundantes, a fim de justificar as premissas fundamentais do conhecimento não-inferencial e justificar o conhecimento por essas fundações valoradas

---

[8] Tradução livre: "Os coerentistas afirmam, portanto, que nenhuma justificação é não-inferencial e, portanto, a justificação não tem fundamento - nenhuma classe de crenças cuja justificação seja não-inferencial e sirva como base de toda justificação inferencial. Em vez disso, a justificação é holística em estrutura. As crenças, quando justificadas, reúnem a sua justificação, e não isoladamente, como membros de um sistema de crenças coerente."

como superiores do saber, o coerentismo parte de uma coletânea ampla de informações com pretensão de verdade para, a partir dos processos racionais, chegar à justificação (RESCHER, 2003).

Os instrumentos para determinação dos elementos que formarão a justificação do conhecimento são importantes na configuração do pensamento epistêmico coerentista. Naturalmente, as normas tradicionais do pensamento lógico servirão como critério para a determinação de quais conceitos da rede de crenças são capazes de justificar o conhecimento.

Não apenas as diretrizes do pensamento lógico podem ser apontadas como justificadoras do coerentismo. Bonjour (2012, p. 202) aponta para a "interconectividade inferencial no sistema de crenças", isto é, o envolvimento de relações necessárias entre os sistemas de crenças e as crenças de um sistema e a busca por uma espécie de consistência entre as crenças, observando que algumas delas podem ser muito improváveis em relação a outras, o que serviria para indicar a justificação válida do conhecimento.

As ciências sociais, no sentido mais amplo da expressão, são campo profícuo para o recurso ao coerentismo como justificação do conhecimento. Rescher (2003) cita o exemplo da interpretação textual, para qual não haveria um princípio que orientasse a abrangência da análise dos detalhes. Pode-se citar como outro exemplo as interpretações dos fenômenos sociais por parte da sociologia, em sentido amplo, que recorre a amplos círculos de conceitos para justificar suas análises.

Um dos ganhos teóricos do coerentismo enquanto teoria da justificação é a ausência de uma estrutura rígida e hierarquizada de pensamento, baseada em critérios pouco demonstráveis (estados mentais internos; princípios da razão primeira) dotados de insegurança e imprecisão epistêmica. Isso reflete um problema das teorias fundacionalistas: uma modificação nas premissas fundamentais geraria a necessidade de reestruturação de todo o pensamento, problema esse contornado com o pensamento coerentista vez que não há hierarquia de conceitos do pensamento não-inferencial.

É importante apresentar o pensamento coerentista em termos de demonstração da justificação. O início do processo cognitivo, se assim se pode chamar, é com a percepção de um conjunto de dados relativos a determinada proposição. Tais dados não se constituem de maneira hierárquica, com valores intrínsecos entre si; não há conceitos fundantes, razões primeiras do pensamento. Para Rescher (2003, p. 132), o quadro de dados escolhido como ponto de partida para o processo de conhecimento não são verdadeiros em si mas "presuntivamente ou potencialmente verdadeiros".

Após a determinação desses dados presuntivamente verdadeiros por parte do ente doxástico, parte-se para uma avaliação de plausibilidade dos dados coletados a partir de normas do pensamento lógico (BONJOUR, 2012), para a análise de probabilidades dos conceitos difundidos nos círculos de conhecimento (HUERMER, 1997) ou da confiabilidade das testemunhas a respeito de dada proposição (ROCHE, 2010).

Esses são os conceitos fundamentais a respeito do coerentismo como proposta de justificação filosófica. No entanto, outras propostas de justificação do conhecimento dividem espaço com o coerentismo e o fundacionalismo, como a epistemologia naturalizada, sobre qual se falará no próximo tópico.

1.4 UMA OUTRA POSTURA PARA O CONHECIMENTO: O PRAGMATISMO

As propostas das teorias fundacionalistas de justificação do conhecimento, em virtude da envergadura histórica e do prestígio que gozaram, mostram-se ora como teoria central da justificação ora como ponto de crítica e superação para as teorias do conhecimento. Essa foi a tensão entre o fundacionalismo, o coerentismo e o naturalismo, como demonstrado, tensão essa não limitada a esses paradigmas.

O pragmatismo foi outra teoria epistemológica surgida em reação às ideias centrais do fundacionalismo, notadamente o reconhecimento de proposições fundantes do conhecimento nas quais se baseariam as outras proposições não-inferenciais. Em verdade, o pragmatismo trilhou um caminho aberto pelo ceticismo, presente desde a antiguidade como uma visão de mundo bem mais ampla do que uma simples teoria da justificação.

Conjugando a postura cética e as construções do empirismo, que também influenciaram outras teorias de justificação (p. ex., naturalismo) surge, nos Estados Unidos do final do século XIX, o pensamento pragmatista.

Thamy Pogrebinschi (2005) aponta a origem do que se chamaria de pragmatismo nas reuniões de um grupo de acadêmicos de Cambridge, nos Estados Unidos, às voltas dos problemas metafísicos tradicionais – com um condão de criticar, com um certo quê irônico, esse estudo filosófico. Não é difícil imaginar porque um grupo reunido com tal objetivo redundasse num movimento crítico ao fundacionalismo. Afinal, os pontos centrais da teoria fundacionalista são ideias eminentemente metafísicas como as noções de *a priori,* razões e princípios primeiro do conhecimento, entre outros.

De qualquer modo, foi no seio desse grupo de críticos à Metafísica, o ironicamente cognominado Clube Metafísico, que surgiu o primeiro manifesto dessa escola de pensamento que se desenvolveria e se consolidaria anos mais tarde. Charles Peirce publicou, entre 1877 e 1878, em forma de artigos, o que seria a base do pensamento pragmatista, ideias essas que foram aperfeiçoadas anos mais tarde por outro membro do antigo Clube, William James (POGREBINSCHI, 2005).

O núcleo-duro do pensamento pragmatista foi desenvolvido por Peirce, apesar de alargado por outros autores como o já referido James e Jonh Dewey, famoso pedagogo americano do começo do século XX. Consistem a base filosófica desse movimento a negação aos aspectos metafísicos da realidade; o consequencialismo e a ideia contextualista (POGREBINSCHI, 2005).

A rejeição aos aspectos metafísicos da realidade pode ser encarada como uma postura antifundacional. Citando literalmente Pogrebinschi (2005, p. 26):

> Trata-se de uma permanente rejeição de quaisquer espécies de entidades metafísicas, conceitos abstratos, categorias apriorísticas, princípios perpétuos, instâncias últimas, entes transcendentais, dogmas, entre outros tipos de fundações possíveis ao pensamento. Trata-se, afinal, de negar que o pensamento seja passível de uma fundação estática, perpétua, imutável.

A postura antifundacional vai além de uma negação simples à metafísica como parte do processo de justificação do conhecimento. É, como se lê, uma negação a aspectos transcendentes do próprio pensamento. Estende-se e se relaciona a própria impossibilidade de estabelecimento de poderes de intuição, de poderes de percepção, de razões internas que justifiquem o pensamento e portanto o conhecimento.

O pragmatismo de Pierce foi ampliado pelo pensamento de James, também grande responsável pelo seu desenvolvimento. A respeito da ampliação dos sentidos do pragmatismo promovida por James, Segundo Dewey (2007, p. 231):

> William James alude ao desenvolvimento que ele mesmo deu à expressão peirceana do princípio [pragmático]. Em certo sentido, pode-se dizer que ele estendeu o escopo do princípio ao substituir, pelas conseqüências particulares, a regra ou método geral aplicável à experiência futura. Mas, em outro sentido, essa substituição limitou a aplicação do princípio, pois destruiu a importância atribuída por Peirce à maior possibilidade de aplicação da regra ou do hábito de conduta – sua extensão à universalidade. É o mesmo que dizer que William James era muito mais nominalista do que Peirce.

O que se extrai da passagem é a ideia do consequencialismo como postura do pensamento – é preciso admitir que, nesse ponto, a visão pragmatista não se encaixa com o tópico particular da justificação do conhecimento, tratando-se de algo mais abrangente, mas ainda assim merece menção – é que o critério da ação deve ser a sua consequência ou as suas consequências.

O pragmatismo se inseriria dentro da grande grupo da filosofia realista, para o qual o mundo real, prático, é o cerne da investigação filosófica. A ação é a ação no mundo real e por isso as consequências dela nele são fundamentais. James *apud* Dewey (2007, p. 230) aponta a ideia do consequencialismo e sua relevância para o pensamento pragmatista:

> [...] qualquer proposição filosófica pode sempre ser colocado em termos de alguma conseqüência particular em nossa experiência prática futura, seja ativa ou passiva; o que se assenta mais sobre o fato de que essa experiência deve ser particular, do que sobre o fato de que deve ser ativa.

Se, como dito, o pragmatismo se insere nas filosofias ditas realistas, com forte apego às construções da realidade e da práxis, é pela característica do contextualismo que esse aspecto também se revela. A ideia do contextualismo diz respeito à postura pragmatista de consideração, com relevância, das construções contextuais para a formação do pensamento filosófico e, portanto, da própria ideia de conhecimento.

Nas palavras de Pogrebinschi (2005, p. 49), a ideia do contextualismo:

> Trata-se de insistir na importância de que as investigações filosóficas estejam atentas ao papel do contexto em seu

desenvolvimento. Em outras palavras, trata-se de reivindicar consideração às crenças políticas, religiosas, científicas, enfim, à cultura da sociedade e às relações que mantém com as instituições e práticas sociais.

O pragmatismo ocupa espaço não apenas de uma teoria para justificação do conhecimento, senão uma verdadeira teoria filosófica e mesmo de prática social; uma postura de enxergar o mundo – não por outra razão preferiu-se trazer a filosofia pragmática em apartado das meras teorias de justificação. Essa postura, uma verdadeira forma de ver o mundo, tem no próprio mundo como é um dos seus elementos centrais.

Cleo Cherryholmes (1994, p. 16), a respeito da relação entre contextualismo e o consequencialismo, lembra que: "pragmatists are interested in consequences. But consequences cannot be estimated outside of context. We write texts about consequences, as it were, and textual meanings depend, in turn, upon the contexts in which texts are written, read, interpreted, criticized, and employed".

O que a autora quer ressaltar é a relação muito próxima às ideias de contextualismo e consequencialismo. Só se pode avaliar as consequências do pensamento e da ação a partir de uma análise contextual. A filosofia pragmática, voltada para a importância dos fatores condicionantes da realidade, propõe-se a enxergar o e agir no mundo tendo em conta como essas ações afetarão o próprio contexto onde se inserem e sem se desligar dele.

Quando se conjuga a negação à metafísica do aspecto antifundacional e a visão consequencialista do pensar (e, portanto, do agir) à ideia contextualista da necessidade de percepção da realidade circunstancial para a análise filosófica pode-se delinear a postura pragmática para o conhecimento como centralmente focada nas repercussões práticas do pensamento, desapegado de construções inatas, e voltado necessariamente aos aspectos pertinentes da realidade circundante.

1.4.1 Pragmatismo, crença e investigação

Ocupa espaço importante na filosofia pragmática a noção de crença. Já se falou a respeito da noção de crença dentro do conceito de epistemologia, inserido como um dos fatores do conhecimento: a ideia da crença justificada. Para o pragmatismo, no entanto, a noção de crença recebe outra conotação, apenas semelhante, e não idêntica, à trazida no momento de determinação do conceito de conhecimento.

Apresentou-se que o pragmatismo propõe uma visão de mundo pautada na ação prática, no mundo real, voltada às suas consequências e pensada no contexto no qual a ação será desenvolvida. Mas para a filosofia pragmática a ideia de ação está ligada fundamentalmente à ideia de motivo para a ação, de elemento volitivo do agir.

Pierce diz (2001, p. 196), no fundamental *How to Make Our Ideas Clear,* publicado originalmente no periódico *Popular Science Monthly* em janeiro de 1878: "And what, then, is belief? It is the demi-cadence which closes a musical phrase in the symphony of our intellectual life.". A símile feita pelo autor é muito significativa. Ele compara a crença à cadência à dominante que encerra uma frase musical da "sinfonia da nossa vida intelectual". Mais do que encerrar uma parte na música, tal cadência marca o retorno da frase musical ao seu centro tonal ou indica o caminho que seguirá no desenvolvimento da ideia, marcando o que virá a seguir. Da mesma forma, Pierce encara as crenças: o elemento de determinação da ação seguinte.

Segundo Pogrebinschi (2005, p. 49): "o pragmatismo, a partir de Peirce, se vale da definição de crença cunhada em primeira mão por Alexander Bain, um dos fundadores da Nova Psicologia na Inglaterra: crença é aquilo que prepara um homem para agir.".

A ação humana no mundo não está desprendida de elementos mentais que a motivam. Esses elementos mentais, na conotação pragmatista, são as crenças, isto é, os aspectos fundantes do agir que, em certa medida, constituem a ideia de hábito, de inclinação de ação. A noção aqui se assemelha à ideia do hábito percebida no empirismo escocês, reforçando a constatação, feita pelos próprios autores pragmatistas, que essa corrente filosófica seria uma espécie de novo conceito para antigas ideias (POGREBINSCHI, 2005).

Retornando Pierce, logo após a símile musical apresentada acima, o autor elenca as três propriedades da sua ideia de crença: "first, it is something that we are aware of; second, it appeases the irritation of doubt; and, third, it involves the establishment in our nature of a rule of action, or, say for short, a habit". (PIERCE, 2001, p. 196).

Primeiro, a crença é algo do qual o sujeito estaria consciente. Não se trata de mera pulsão mas sim uma inclinação de vontade e comportamento do qual o sujeito tem consciência. Segundo, a crença sacia a irritação causada pela dúvida, pondo o agente no caminho que, segundo sua crença, deverá tomar. Pierce (2001) pontua que é a crença que fornece o elemento de ação que se deve adotar em momentos de dúvida, de hesitação, indicando qual conduta deve ser adotada após o processo de reflexão, que pode durar instantes ou anos.

Por derradeiro, percebe-se que Pierce usa o termo hábito como uma espécie de sinônimo para crença. Deixando de lado as implicações e distinções conceituais dos dois termos que poderiam ser traçadas, a partir, por exemplo, do empirismo escocês, o que se percebe é que a noção de crença/hábito se identifica com o estabelecimento das regras de ação, das regras pragmáticas do agir.

A partir do segundo aspecto da crença é possível perceber de onde surgem as linhas epistêmicas e de teoria da investigação no pensamento pragmatista.

Crença e dúvida desempenham um papel importante no pensamento pragmatista. Para Pogrebinschi (2005) e mesmo Pierce (2001), como demonstrado, indicam que a crença responde, satisfaz a dúvida. Ela fornece o aspecto diretivo da ação e afasta a insatisfação gerada por não saber como agir, o que Pierce irritação da dúvida. Nas próprias palavras do autor, em outro texto muito relevante, *The Fixation of Belief,* originalmente publicado em novembro de 1877:

> A irritação da dúvida é o único motivo imediato para a luta por atingir a crença. É certamente melhor para nós que as nossas crenças sejam tais que possam verdadeiramente guiar as nossas acções de forma a satisfazer os nossos desejos; e esta reflexão farnos-á rejeitar qualquer crença que não pareça ter sido formada para assegurar este resultado. Mas só o fará criando uma dúvida no lugar dessa crença. Logo, com a dúvida a luta inicia, e com o cessar da dúvida termina (PIERCE, 1877).

É a insatisfação geral pelo estado de dúvida que faz ter início uma luta para a sua superação, em busca da determinação da crença, do saber como agir. Essa luta é um processo epistêmico. Cuida-se de uma atividade de investigação para determinação do que se poderia determinar como elemento da ação, crença, hábito. Nas palavras de Pierce (1877), trata-se da inquirição. É no tema inquirição que o pragmatismo encontra seu ponto mais próximo à ideia da epistemologia como estudo do conhecimento.

Afinal, como satisfazer o estado de dúvida? Como fazer vencer a luta, superar o estado de insatisfação e vacilo e atingir a crença? A proposta pragmatista é pela investigação (inquirição) científica.

Pierce (2001) vê que, em que pese a possibilidade de as pessoas poderem cultivar opiniões diferentes, invariavelmente o processo de investigação científica levaria essas pessoas a uma mesma conclusão, em algum momento. Há aí um elemento de esperança de superação da ignorância generalizada para atingir o que o autor chama de "predestinate opinion" (PIERCE, 2001, p. 204).

Surge aí um outro ponto central da filosofia pragmatista, a chamada comunidade de investigadores. Esse conceito, posteriormente desenvolvido por outros pensadores, e que, em certa medida, relaciona-se com uma ideia já tratada nessa produção defendida por Willard Quine e Joseph Ullian (1978), a de rede de crenças, é a expressão epistêmica do contextualismo relacionando-se com o coerentismo – ao menos nesse ponto.

Encara-se a Verdade como correspondente ao conjunto de crenças cultivadas e sustentadas pela comunidade de investigadores, numa experiência contextual e coletiva do saber. A justificação do conhecimento, nesse sentido, se dá por meio da partilha entre a comunidade de investigadores das crenças sustentadas contextualmente,

Essa forma de pensar as crenças, no pragmatismo de Pierce, também repercute nas ideias de William James, reconhecido como um dos pragmatistas originais, ainda que de modo diferente. Enquanto em Pierce o processo de superação da dúvida, a partir da inquirição, parece indicar uma reformulação total de ideias passadas para a formação da crença, William James, segundo Pogrebinschi (2005, p. 53) aponta que "os indivíduos possuem um estoque de opiniões antigas que é colocado em movimento quando elas se defrontam com uma nova experiência.".

O processo de inquirição da verdade não passa pela destruição necessária de crenças antigas mas sim por sua adaptação, correlação, reconstrução, validação ou modificação por parte de crenças novas, a partir de uma atividade ela mesma pragmática de investigação. A verdade enquanto resultado da inquirição é algo eminentemente dinâmico, suscetível a um movimento de corroboração por parte das construções práticas devidas.

A Verdade e a Justificação surgiriam pela conjugação ideal entre os fatores do conhecimento novos e antigos, construídos e reconstruídos mutuamente pelo processo de investigação. É presente nesse aspecto uma ideia de correlação, de união entre esses elementos do saber do passado e de presente. Nessa linha, é conceito importante nesse processo o de acordo (*agreement*) na formação da verdade.

James (1907) adota uma concepção de verdade partilhada mesmo com os filósofos ditos intelectualistas de que verdade significa o acordo entre uma ideia e a realidade enquanto a falsidade significa o desacordo entre a ideia e a realidade. O pragmatismo segue seu próprio caminho, entretanto, ao pensar o aspecto prático da verdade. Enquanto formas de pensamento eminentemente teóricas encaram a verdade como algo do qual se tem posse, algo que se atinge, a visão pragmática parte para um aspecto prático da verdade.

Nas palavras do próprio James (1907, p. 142): "The truth of an idea is not a stagnant property inherent in it. Truth *happens* to an idea. It *becomes* true, is *made* true by events. Its verity *is* in fact an event, a process, the process, namely, of its verifying itself, its veri-*fication*. Its validity is the process of its valid-*ation*.[9]"

Percebe-se bem a tese defendida pelo autor. O processo de justificação do conhecimento e identificação da verdade – se se pode chamar assim – não é uma qualidade inata da própria ideia inquirida. É nela construída; é algo que acontece na ideia. Para sua determinação, o epistemólogo, aplicando um processo pragmático, ater-se-ia ao abandono dos aspectos fundacionalistas da justificação (as noções de dado, de razões primeiras, do *a priori*) para perceber como os conceitos são construídos no aspecto prático.

A proposta pragmática encara a verdade e a justificação do ponto a partir de indagações tais como feitas por James (1907, p. 142): "que diferença concreta fará a verdade na vida real de alguém? Como a verdade será percebida? Que experiências serão diferentes para aqueles os quais podem identificar se uma crença era falsa? Qual, em suma, é o valor da verdade em termos experimentais?"

Lucas Gontijo (2017, p. 77) bem sintetiza a proposta filosófica do pragmatismo:

---

[9] Tradução livre: "A verdade de uma ideia não é uma propriedade estagnada inerente a ela. A verdade acontece com uma ideia. Torna-se verdade, torna-se realidade pelos acontecimentos. A sua veracidade é de fato um acontecimento, um processo, o processo, nomeadamente, da sua própria verificação, da sua verificação. Sua validade é o processo de sua validação".

O pragmatismo não pretende definir a verdade ou a realidade, mas consiste apenas em um procedimento para aprender os *significados* das proposições. Seu objeto são seus efeitos sensíveis, imanentes. Mas isso não quer dizer que o pragmatismo se reduz a uma posição meramente empirista: o pragmatismo está ligado antes à demonstração do que à verificação; ora, a concepção dos efeitos é a própria concepção do objeto.

E qual seria o critério de inquirição relevante para a qualificação do conhecimento como tal, como verdadeiro? Se a sustentação do conhecimento inferencial são as inferências relacionais e a do conhecimento não-inferencial são variáveis (conceitos fundantes; posição do saber num sistema de crenças; justificação natural do conhecimento por fatores naturais e internos), para a postura pragmatista o critério da verdade é a práxis. Como aponta mais adiante, o mesmo autor entende que "a exigência do pragmatismo é de se achar um procedimento demonstrável ou científico para alcançar suas *crenças*, longe do método da autoridade, que redunda em dogmatismo e longe do método apriorístico, que redunda em metafísica." (GONTIJO, 2017, p. 78).

Esse rompimento do dogmatismo é um dos ganhos teóricos mais marcantes do pragmatismo como postura filosófica. É por essa razão que se tratou aqui do pragmatismo não apenas como outra das teorias de justificação do conhecimento mas, em verdade, como uma proposta de ressignificação do mundo.

2 EPISTEMOLOGIA JURÍDICA: ESFORÇO CONCEITUAL E CONTEÚDO TEÓRICO

Nessa seção da produção inicia-se o enfrentamento da temática proposta propriamente dita. Após apresentada a noção de epistemologia geral, a qual se pode chamar de epistemologia filosófica, passa-se a enfrentar a epistemologia jurídica, estabelecer suas ideias conceituais e delinear seu conteúdo teórico como disciplina jurídica.

2.1 EPISTEMOLOGIA, TEORIAS DO CONHECIMENTO E CIÊNCIA

É seguro estudar a epistemologia como explanada na seção anterior: domínio da filosofia em que se empreende o estudo do conhecimento, considerando-o como o saber verdadeiro e justificado – feitas as devidas ressalvas sobre a profundidade das discussões sobre a ideia da verdade. Faz parte de seu estudo as diversas teorias da justificação, também apresentadas no capítulo primeiro, e outras noções igualmente importantes, todas elas voltadas à solução da questão central do conhecimento, de maneira geral.

No entanto, essa segurança não se repete quando se pensa nas teorias que envolvem o conhecimento direcionado a determinadas áreas do saber humano. Ao se imaginar e se enfrentar, por exemplo, a epistemologia da física, da biologia, da sociologia, do direito ou qualquer outra, o caminho parece ser substancialmente diferente do traçado no estudo da epistemologia geral. Por que essa espécie de cisão acontece?

Para Blanché (1976, p. 13), "a epistemologia se distancia muitas vezes um pouco mais em relação à ciência e conserva ainda, apesar dos seus esforços para o atenuar, um carácter filosófico mais ou menos marcado". Trata-se do problema fundamental da natureza do conhecimento e sua disputa entre os campos da ciência e o campo da filosofia. A epistemologia parece estar bem no centro dessa disputa.

As noções de conhecimento filosófico e conhecimento científico representam um dos pontos de maior tensão para o saber humano. Bachelard (2006) consigna que, no século XIX, as relações entre filosofia e ciência constituíam-se de modo simples pois ambas estavam ligadas pela linguagem, que era, para o autor, a mesma: a da explicação dos fenômenos naturais, físicos e químicos.

Todavia, aponta Bachelard (2006), a partir das novas construções científicas do começo do século XX, por exemplo, o panorama inaugurado pelos n, essa relação simples parece ter sido abalada. As explicações tradicionais para os fenômenos naturais fornecidas pelo método científico, de cunho pretensamente filosófico, não satisfaziam mais a necessidade de saber humano (BACHELARD, 2006).

Parece ser nesse contexto que a filosofia vai se distanciando da ideia de ciência. Historicamente, é claramente perceptível o quanto ambos os discursos, o filosófico e o científico estavam relacionados. Aristóteles escreveu obras voltadas às ciências biológicas e físicas; Descartes se situa no limite entre a matemática e a filosofia; Kant publicou trabalhos na fase pré-crítica sobre temas da física clássica.

Mas, se se aceitar a justificativa proposta por Bachelard (2006, p. 15), a partir das "mensagens de um mundo desconhecido" da física contemporânea desenvolvida no início do século XX é possível perceber o início do caminhar em separado da teoria do conhecimento, do conhecimento científico e da epistemologia. Seria nesse arco de acontecimentos científicos que alteraram a estrutura do pensamento tradicional que a tensão entre epistemologia e ciência teria se instaurado.

Determinar o domínio da epistemologia e sua relação com o domínio da ciência é inicialmente, para Blanché (1976), uma questão de vocabulário. Isso porque a significação própria das expressões a isso relacionadas como teoria do conhecimento e epistemologia são variáveis. Afirma Blanché (1976, p. 18):

> Em princípio, a relação da epistemologia com a teoria do conhecimento é a mesma da espécie com o gênero, limitando-se a epistemologia a essa forma única de conhecimento que é o conhecimento científico. Todavia, a distinção desaparece quando o gênero se encontra reduzido a uma única espécie, como acontece com os autores que reservam ao conhecimento científico o nome de conhecimento, sendo tudo o resto considerado como puro jogo verbal sem significado cognitivo.

A passagem do autor apresenta duas ideias importantes. Há quem considere a epistemologia como contida na teoria do conhecimento, limitando-a ao conhecimento científico. Essa percepção, verdadeiramente estreita, não se justifica porém se a acepção de conhecimento trazida for necessariamente a de conhecimento científico, ou seja, se se considerar como conhecimento apenas aquele produzido pela ciência. Nesse sentido, não há como prosperar o entendimento de que a epistemologia seja a teoria do conhecimento.

Para Jean Piaget (1983), teoria do conhecimento e epistemologia seriam sinônimos na perfeita acepção de sinonímia, sem relação de conteúdo e continente a ligar essas palavras. Isso porque a construção de uma epistemologia genética, baseada no recurso à origem do próprio fenômeno de conhecer, forma uma teoria[10]. Nesse sentido opina Blanché (1976), para quem a substituição de um termo por outro se justifica pela comodidade que há na fusão de dois vocábulos, "teoria" e "conhecimento" num único substantivo simples, "epistemologia".

É digna de nota a percepção de Karl Popper a respeito da nomenclatura "teoria do conhecimento". Logo na apresentação do clássico *Os dois problemas fundamentais da teoria do conhecimento*, originalmente publicado em 1933, lê-se em Popper (2013, p. XLI): "este livro é uma teoria do conhecimento. Ele é uma teoria da experiência e, mais do que isso, da experiência científica."

Popper parece apontar, portanto, para uma teoria voltada apenas ao conhecimento científico. Para ele, a teoria do conhecimento é eminentemente a teoria do conhecimento científico. Em passagens significativas desse seu mesmo trabalho, o problema da demarcação entre o conhecimento filosófico e o conhecimento científico é enfrentado, em que pese, pela condução do trabalho, as noções popperianas contribuírem significativamente tanto com as ciências quanto com a filosofia.

Quando se debate as relações conceituais entre os termos "epistemologia" e "filosofia da ciência" a dificuldade de delimitação aumenta consideravelmente. Isso se dá, primeiro, pela amplitude que o termo "filosofia da ciência" pode atingir. É de difícil determinação o seu sentido e alcance, vez que poderia se dirigir ao estudo da ciência enquanto forma de pensar; do próprio conceito de ciência; de suas divisões; de seus objetivos.

Uma proposta de distinção entre os três termos debatidos, "epistemologia", "teoria do conhecimento" e "filosofia da ciência" pode ser traçada a partir do regresso etimológico à palavra epistemologia. Partindo da ideia de um discurso sobre o saber, como pensado por James Ferrier, epistemologia designaria uma atitude ampla de investigação sobre o conhecimento.

---

[10] Importa perceber que, em Piaget, essa teoria cuida da assimilação e acomodação do conhecimento, a teoria do desenvolvimento cognitivo, mas assume também a natureza de teoria epistemológica.

Nesse sentido, poder-se-ia entender como pertinente a sinonímia de Piaget (1983) entre epistemologia e teoria do conhecimento. Isso porque a proposta epistêmica é precisamente entender e sistematizar a ideia mesma de conhecimento, num exercício cognitivo acerca daquilo que se pode pensar, justificar e que se encontra em acordo com a realidade.

Voltando-se mais uma vez ao sítio etimológico de "epistemologia", quando se pensa na relação desse termo com o termo "filosofia da ciência" pode-se levar em conta como critério distintivo o tipo de conhecimento que se está pensar. Enquanto a epistemologia direciona-se ou pode se direcionar, ainda que não o faça comumente, a qualquer forma de prática cognitiva – conhecimento religioso, conhecimento científico, conhecimento do senso comum –, uma filosofia da ciência parece voltada apenas para um tipo particular de conhecimento: o conhecimento científico.

E é interessante pensar que mesmo considerando tal distinção, uma filosofia do conhecimento não estaria adstrita ao conhecimento direcionado a uma ciência em particular, mas ao conhecimento científico no seu aspecto geral. Ligar-se-ia à validade, aplicação, metodologia e ao desenvolvimento do saber científico, sendo, portanto, uma forma de estudar a justificação, em seu sentido amplo, desse tipo particular de conhecimento.

Uma outra proposta de distinção na seara da epistemologia enxergaria a abrangência dos problemas epistemológicos. Segundo Blanché (1976, p. 59) "os problemas de epistemologia repartem-se naturalmente em dois conjuntos: os que têm carácter geral, abrangendo a totalidade das ciências, e aqueles que são específicos de um grupo de ciências, mais ou menos extenso, ou de uma só ciência, ou mesmo de um só ramo de uma ciência [...].".

Não parece adequado o entendimento da epistemologia para esse autor, que a visualiza como o questionamento acerca das teorias do conhecimento científico, sobre o que já se falou e já se consignou o posicionamento adotado nessa produção. Por outro lado, o reconhecimento de duas ordens de problemas epistemológicos, tendo por critério a abrangência desses problemas, auxilia na compreensão da razão de existirem epistemologias que poderiam ser chamadas de particulares a certas ciências ou áreas do saber.

Os campos de conhecimento humano se dividem em disciplinas destinadas ao estudo e sistematização de preceitos, métodos, conceitos, aplicações e outras manifestações desses círculos de saber. Disso surge a plêiade de ciências possíveis e imagináveis. É certo que são as ciências que excluem, aproximam, validam os seu próprio conhecimento dito científico (POPPER, 2013) mas é possível identificar a existência de saberes direcionados a essas áreas do conhecimento.

Tanto a filosofia vale-se do termo epistemologia para designar o estudo do conhecimento e do saber, de maneira geral, como explanado no primeiro capítulo, quanto as ciências recorrem ao termo epistemologia para cognominar o estudo acerca do seu conhecimento particular voltado a sua área de saber ou a parte de suas áreas de saber. Nesse sentido, as ciências vão adotando suas perspectivas epistemológicas próprias para atender às suas necessidades enquanto discursos racionais. Daí vão surgindo "as" epistemologias.

2.2 SOBRE A EPISTEMOLOGIA JURÍDICA E A CIÊNCIA DO DIREITO

Avançando com as considerações propostas à análise, passa-se a enfrentar a temática da epistemologia jurídica propriamente dita. O assunto vem a ser abordado aqui, após longa digressão filosófica, em atenção à opção metodológica escolhida, a revisão crítica dos conceitos como fundamentos para a construção dos objetivos.

Considerando o ponto a que se chegou no último tópico, a ponderação de que há uma epistemologia geral, a que se pode chamar de filosófica, que cuida das ideias gerais acerca do conhecimento, entende-se também ser possível pensar uma epistemologia particular a cada ramo do conhecimento humano para que se trate em cada um deles da validade dos seus raciocínios. Diante disso, poder-se-ia afirmar que existem a epistemologia da química[11], da história[12] e de tantos outros campos de investigação humanos.

---

[11] Sobre o assunto, cf. MALDANER, O.A. **A formação inicial e continuada de professores de Química**: professor/pesquisador. Ijuí: Editora Unijuí, 2000. Também merece análise atenção, no assunto, a conferência **Epistemologia, Linguagem da Química e Ensino**: algumas observações interdisciplinares proferida por Olga Pombo na Conferência pronunciada a convite da Sociedade Portuguesa de Química no colóquio "Ensino Superior da Química em Línguas Internacionais de Origem Latina. Química, Encruzilhada de disciplinas", realizado na Fundação Calouste Gulbenkian de 8 a 10 de Novembro de 1989. Disponível em: < http://cfcul.fc.ul.pt/biblioteca/online/pdf/olgapombo/epistemologialinguagemquimica .pdf>

Com o pensamento do direito não seria diferente. Muitos autores partilham do interesse acerca da latitude e longitude do conhecimento jurídico. A especulação do fenômeno jurídico está intimamente relacionada com aspectos epistemológicos. Para uma melhor apreensão da epistemologia jurídica, cumpre de saída desenvolver um esforço conceitual e uma delimitação terminológica a esse respeito.

2.2.1 Conceituando a epistemologia jurídica

É de bom alvitre iniciar procedimentos investigativos com um esforço conceitual, mesmo que a própria definição já importe, em si, dificuldades para o investigador. Por definição, os dicionários são livros de conceitos, de modo que é um bom pontapé investigativo perquirir definições dicionárias acerca do objeto estudado.

Segundo Maria Helena Diniz, partindo de sua definição dicionária, epistemologia jurídica é:

> No sentido estrito, é a parte da filosofia do direito que vai tratar dos problemas da ciência jurídica, procurando delimitar o sentido de "ciência", a especificidade e os caracteres do objeto e do método da especulação jurídico-científica; refletindo sobre seu caráter teórico, prático, crítico; distinguindo a ciência do direito das outras que, igualmente, têm por material de pesquisa os fenômenos jurídicos; indagando acerca da natureza científica do saber jurídico; e verificando suas relações com outras ciências. É, portanto, uma filosofia ou teoria da ciência jurídica. (DINIZ, 2008, p. 383)

Para complementar a definição trazida e fornecer um panorama conceitual mais amplo, colaciona-se a seguir definição de epistemologia jurídica da lavra de Miguel Reale. Para Reale (2002, p. 305), epistemologia jurídica "constitui antes a doutrina do conhecimento jurídico em todas as suas modalidades.". Tal conceito, inicialmente minimalista, é expandido pelo autor posteriormente. Expõe Reale (2002, p. 306) que a epistemologia jurídica:

---

[12] Sobre o assunto, cf.: WEHLING, Arno. Fundamentos e virtualidades da epistemologia da história: algumas questões.. **Revista Estudos Históricos**, Rio de Janeiro, v. 5, n. 10, p. 147-169, jul. 1992. ISSN 2178-1494. Disponível em: <http://bibliotecadigital.fgv.br/ojs/index.php/reh/article/view/1943/1082>.

> [...] poderia ser definida como sendo a doutrina dos valores lógicos da realidade social do Direito, ou, por outras palavras, dos pressupostos lógicos que condicionam e legitimam o conhecimento jurídico, desde a Teoria Geral do Direito — que é a sua projeção imediata no plano empírico-positivo — até às distintas disciplinas em que se desdobra a Jurisprudência.

Os conceitos acima trazidos são de profundidade teórica ímpar, em que pese a generalidade com que o tema é tratado nessas passagens dos dois autores. É importante tratar dos elementos que os compõe detidamente. Partir-se-á para uma análise deles para depois acrescê-los com outras noções fundamentais a respeito da temática geral sobre a epistemologia jurídica.

De início, cumpre perceber a posição da epistemologia dentro da filosofia do direito trazida, por Diniz (2008) rapidamente no seu verbete dicionário mas amplamente debatida e defendida por Reale em suas obras (1968; 2002). A filosofia do direito ocupa-se com os problemas fundamentais do direito como um todo, investigando seus fundamentos, teorias e tópicos conceitos, os problemas relativos a sua aplicação e outras temáticas.

Miguel Reale divide a filosofia do direito em duas partes, a saber, uma parte geral e uma parte especial. A parte geral, a qual Reale nomeou de ontognoseologia jurídica, trataria das teorias fundamentais do direito, cuidando da delimitação do campo jurídico em relação ao campo moral, político e econômico, seu conceito mesmo e outras questões de base a ele ligadas (REALE, 2002).

A parte especial da filosofia jurídica é dividida por Reale em três disciplinas: a epistemologia jurídica, a deontologia jurídica e a culturologia jurídica (REALE, 2002). À deontologia jurídica o autor atribui as indagações acerca dos fundamentos da obrigatoriedade das ordens do direito; à culturologia jurídica competiria o estudo do fenômeno do direito enquanto um dado cultural, perquirindo, por exemplo, as transformações culturais do direito no tempo (REALE, 2002).

É na epistemologia jurídica que Reale deposita os esforços filosóficos do saber jurídico em sentido amplo, porém não tão amplo como da parte geral da filosofia. Para o pensador paulista, a função da epistemologia é eminentemente o estudo e delimitação dos fatores que influenciam o conhecimento, o saber jurídico (REALE, 2002). Em suas próprias palavras:

> caberá ao epistemólogo do Direito determinar, por exemplo, que tipo de experiência é essa que denominamos "experiência jurídica"; qual a natureza e o papel da Lógica Jurídica e a sua situação perante a Ciência Dogmática do Direito; como se põem os problemas de sistematização e integração dos institutos jurídicos: se nos quadros de um único ordenamento ou, ao contrário, numa pluralidade deles; qual a natureza da Hermenêutica Jurídica e os seus pressupostos, em função do papel por ela desempenhado na tela da Teoria Geral do Direito; [...] (REALE, 2002, p. 305-306).

Além da exposição do tema nos seus cursos e manuais de filosofia e introdução ao estudo do direito, o autor citado publicou um conjunto de ensaios no ano de 1968 onde trata mais especificamente da epistemologia jurídica sob o título de *O direito como experiência: introdução à epistemologia jurídica.* Nessa obra, Reale desenvolve a ideia do fenômeno jurídico como manifestação experiencial na realidade dotado de três manifestações correlacionais, a saber, o aspecto fático, valorativo e normativo ou deontológico.

Nesse esquema, Reale (1968) aponta a relação entre cada um desses aspectos e as disciplinas específicas da filosofia jurídica: a culturologia jurídica está para o fato social; a deontologia está para o valor e a epistemologia jurídica está para o aspecto normativo. A obra mencionada é uma espécie de introdução à epistemologia jurídica porque os ensaios empreendem um esforço teórico acerca do conhecimento direcionado ao fator normativo do direito, abordando noções como a da lógica jurídica, da própria dogmática normativa, da hermenêutica, dentre outras.

É nesse sentido que Reale encara a epistemologia como estudo dos "pressupostos lógicos que condicionam e legitimam o conhecimento jurídico" (REALE, 2002, p. 306) posto significar o estudo das condições segundo as quais se sustenta e se desenvolve o conhecimento jurídico como um todo.

Nesse ponto a epistemologia particular do direito se relacionaria à epistemologia filosófica em geral. Já se debateu o significado da epistemologia como, dentre outras coisas, o estudo das razões que justificam o conhecimento. Não poderia ser diferente na epistemologia jurídica, levando em consideração a proposta conceitual trazida aqui: é ela direcionada à justificação do conhecimento jurídico.

2.2.2 Ascensão de uma ciência do direito

Um dos problemas iniciais da epistemologia jurídica é o caráter científico do direito. Não raras vezes, os jusfilósofos debatem sobre a natureza científica do direito, analisando esse problema sob o ponto de vista das diversas propostas definidoras de ciência que se pode perceber. Além disso, percebe-se um debate que se protrai ao longo do tempo, no qual a noção da atividade do conhecimento jurídico varia substancialmente.

Tercio Sampaio Ferraz Jr., em *A Ciência do Direito,* debate essa temática. Ferraz Jr. lembra (2014, p. 16), a respeito da ideia de "ciência do direito[13]", que "a expressão Ciência do Direito é relativamente recente, tendo sido uma invenção da Escola Histórica alemã, no século passado. Esta Escola, composta sobretudo de juristas professores, empenhou-se, como veremos, em dar à investigação do Direito um caráter científico.".

Acompanhando a evolução das ideias e pensamentos do direito no transcorrer dos séculos, Ferraz Jr. (2014) aponta a natureza das discussões do direito romano: um direito eminentemente pragmático, voltado para a tópica, para a solução real de conflitos reais, desprendido de caracteres teóricos mais rebuscados que, quando construídos, serviam apenas para sustentar as decisões práticas que punham termo aos conflitos.

A prática dos glosadores da idade média, em que pese o desenvolvimento dos intensos debates jurídicos entre os jurisconsultos do medievo ao redor da dogmática jurídica, também não se aproxima das acepções conhecidas atualmente da ciência do direito (FERRAZ JR., 2014). Foi só a partir do crescimento da importância do discurso sistemático[14] percebido nos séculos XVII e XVIII que se abriu o pensamento jurídico para o desenvolvimento da Escola Histórica do

---

[13] Em alemão, *Rechtswissenschaft*; em italiano, *Giurisprudenza;* teria seu equivalente na *jurisprudence* do mundo anglo-saxão, se se considerar partilhados os problemas fundamentais que abordariam as duas ideias.

[14] São exemplos de obras jusnaturalistas com condão sistemático os escritos de Samuel Pufendorf *De iure naturae et gentium libri octo*, de 1672 e *De officio hominis et civis prout ipsi praescribuntur lege naturali*, de, 1673. Repousam nessas obras ideias centrais para o direito natural como o respeito à pessoa do outro; o respeito à propriedade de outrem; o respeito aos pactos ; e, o respeito aos interesses alheios. Cf. PUFENDORF, Samuel. Os deveres do homem e do cidadão de acordo com as leis do direito natural. Topbooks, 2014.

Direito, movimento jusfilosóficos germânico a quem se tributa a acepção inicial da ciência do direito (FERRAZ JR., 2014).

Na segunda metade do século XIX as proposições do direito natural já não gozavam do prestígio nos círculos de pensamento jurídico que outrora. Por diversas razões, eminentemente de cunho político em virtude dos fatos que varreram a Europa (ascensão da burguesia ao poder; busca de segurança jurídica pela imposição do direito positivo; necessidade de limitação do poder estatal por força da lei), o paradigma do jusnaturalismo perdeu relevância.

A percepção do pensamento jurídico nessa escola histórica germânica como ligado necessariamente ao *Volksgeist* proposto por Savigny e não a um valor transcendental de justiça significou uma forma de reestruturação dos fundamentos do direito, ainda que, em alguma medida, a noção de "espírito de um povo" seja quase ou tão imprecisa quanto a de direito natural. De qualquer modo, estava-se diante de uma reforma paradigmática que não ocorria há muitos séculos, uma mudança de enfoque que se relaciona a outra teoria de pensamento jurídico vinda do outro lado do Reno: a Escola da Exegese.

Em busca de preservação de direitos, notadamente de primeira ordem (individuais) a permitir o desenvolvimento econômico e consolidação e proteção da propriedade, o núcleo do pensamento jurídico girou do paradigma do direito natural para o do direito legal. Sob a influência da Escola da Exegese, explana Ferraz Jr. (2014, p. 35):

> A tarefa do jurista circunscreveu-se, a partir daí, cada vez mais à teorização e sistematização da experiência jurídica, em termos de uma unificação construtiva dos juízos normativos e do esclarecimento dos seus fundamentos, descambando, por fim, para o chamado "positivismo legal" (*Gesetzpositivismus*), com a autolimitação da Ciência do Direito ao estudo da lei positiva e o estabelecimento da tese da "estatalidade do direito".

A importância e papel da exegese francesa para o pensamento do direito contemporâneo é verdadeiramente significativa. Como essa produção demonstrará em diversos momentos, retornado a esse conceito fundamental, a construção teórica-epistemológica do pensamento dessa Escola repercute até o presente na teoria do direito, até mesmo na teoria do direito nacional. A respeito da amplitude da influência dessa postura de pensamento jurídico, dispôs Lucas Gontijo (2011, p. 15):

A Escola da Exegese, por sua vez, é o início de uma nova era para o direito, não resta dúvida. Esse método de interpretação e aplicação do direito teve avolumada repercussão, talvez dada a sua estratégia altamente funcional. E é por questões políticas somadas àquilo que ficou sedimentado como do saber científico que o método se desenvolveu, a partir do início do século XIX, nos países influenciados pelo sistema jurídico francês, que veio a esmorecer-se, de fato, somente na segunda metade do século XX.

A partir desses movimentos de pensamento, de construção e superação de marcos epistemológicos, desenvolveu-se o fenômeno amplo e repleto de significados que é o positivismo jurídico. É preciso fazer um rápido aparte no objeto desse tópico, que é o desenvolvimento e reconhecimento da ciência jurídica, para serem trazidas algumas linhas a respeito do positivismo. Entretanto, em louvor à coerência metodológica, aquilo que se passará a enfrentar sobre esse assunto liga-se substancialmente à proposta da seção, a demonstração do aspecto científico do direito como primeiro problema da epistemologia jurídica.

Partindo de um conceito de positivismo jurídico, pode-se trazer a definição de Denis Machado, para quem essa é uma "corrente de pensamento jusfilosófico fundada na ideia central de que todo o Direito é produto da cultura humana, em contraposição à ideia de Direito Natural." (MACHADO, 2011, p. 314). Em contraponto à tese jusnaturalista de um direito eterno e imutável identificado com a ideia de justo absoluto a orientar e corrigir o direito na sociedade, o positivismo prega o reconhecimento de um direito condicionado e dependente de fatores culturais, produzidos do homem e pelo homem.

Os aspectos centrais do juspositivismo, comuns às diversas tendências do positivismo, de um modo ou de outro, podem ser apresentados conforme as lições de Norberto Bobbio (1995) para quem o positivismo jurídico: 1) encara o direito como um fato, e não um valor; 2) encara o direito como dotado de aspecto coercitivo; 3) percebe como fonte primordial do direito a legislação positiva; 4) enxerga o direito como ordem coercitiva, imperativa; 5) identifica o direito com uma pluralidade de normas jurídicas ordenadas, sem lacunas ou contradições; f) reconhece o método de interpretação e aplicação do direito, por parte dos magistrados, centrado na declaração, e não na produção normativa; e, por fim, 7) contempla a necessidade de obediência ao direito.

Naturalmente, todos e cada um desses pontos pode sofrer críticas e com efeito são criticados pelo próprio autor citado. Aliás, Bobbio expressa essas ideias fundamentais do direito positivo como "problemas" e não como estamentos. Uma das considerações possíveis de fazer é a ideia expressa na máxima 3) é a da legislação positiva com prevalência dentro da ordem jurídica. Sabe-se que sistemas jurídicos como o inglês lançam um verdadeiro desafio a essa acepção, sendo mais relevante, tradicionalmente, a sistemática dos precedentes do que a lei em abstrato.

Apresentadas essas noções acerca do positivismo, é mister continuar a falar sobre a evolução do pensamento científico do direito.

O delineamento trazido até aqui acerca do juspositivismo permite perceber como essa corrente é sofisticada e vária. Tanto é vária nas suas características fundamentais quanto o é no seu desenvolvimento e nuances filosóficas[15]. Essa sofisticação reflete diretamente no pensamento da ciência do direito desenvolvida sob a égide do positivismo jurídico. Algo de semelhante há na sua proposta e na do paradigma anterior, do jusnaturalismo: o positivismo acolhe o caráter sistêmico da teoria do direito natural desenvolvida após o século XVII e até mesmo a amplia, em certa medida.

A concepção de um sistema jurídico a ser estudado pela ciência do direito pode ser encarada como uma consequência do próprio modo pelo qual ele se manifestou no transcorrer do século XIX. A codificação legislativa, que marcou essa era, erigia-se na ideia de um sistema normativo coeso e hermético, onde os preceitos das normas jurídicas de determinados ramos do direito foram compilados em diplomas legais.

Em suma, o direito positivo foi se constituído cada vez mais num sistema de normas jurídicas fechado, dotado de seus conceitos próprios, capaz de responder às necessidades práticas das pessoas independentemente da situação em virtude da ausência de lacunas que o marca (característica n. 5 do positivismo segundo Bobbio, expressa acima). Nesse caráter sistemático consiste a primeira característica da ciência jurídica desenvolvida a partir do positivismo.

Uma segunda característica do juspositivismo do século XIX como manifestação da ciência do direito daquela época apontada por Ferraz Jr. é a ideia de sistema como um método de construção e aplicação do direito, método esse possuidor de duas caraterísticas, a saber, o

---

[15] A título de ilustração, pode-se perceber as diferenças entre o *hard positivism* e *soft positivism* apresentadas em HART, Herbert L. A. **O Conceito de Direito**. Trad. de Armindo Ribeiro Mendes. 3. ed. Lisboa: Calouste Gulbenkian, 2007.

procedimento construtivo e o dogma da subsunção. Nas palavras do próprio autor:

> [...] pelo procedimento construtivo, as regras jurídicas são referidas a um princípio ou a um pequeno número de princípios daí deduzido. Pelo dogma da subsunção, segun- do o modelo da lógica clássica, o raciocínio jurídico se caracterizaria pelo estabelecimento de uma premissa maior, que conteria a diretiva legal genérica, e de uma premissa menor, que expressaria o caso concreto, sendo a conclusão a manifestação do juízo concreto. (FERRAZ JR., 2014, p. 37).

Na primeira característica o autor expressa o modo através do qual a atividade criativa do direito opera referencialmente, apontando que as regras jurídicas são elaboradas em atenção a um número de princípios de ação ou descrições situacionais pequenas ou reduzidas. Pela outra característica, o esquema de aplicação do direito consagra o pensamento da lógica tradicional, sendo o direito aplicado pelo esquema silogístico de premissas e conclusão.

Essas duas características conjugadas representam movimentos inversos do mesmo fenômeno: o processo criativo do direito em forma de prescrições normativas abstratas se dá a partir da generalização de dados concretos[16] (acontecimentos sociais, necessidades humanas, valores demonstrados como necessários de resguardo); o processo de aplicação do direito se dá inversamente, a partir do esquema deducional.

As ideias expostas nos parágrafos acima demonstram a percepção do fenômeno do direito no contexto do século XIX, onde a ciência do direito teria se desenvolvido. Com o avanço das teorias jurídicas o positivismo como delineado até aqui foi perdendo força. A ciência do direito foi-se abrindo mais e mais para outros aspectos que, no seu estágio de criação, não contemplava.

Parte considerável dos pensadores do direito do século XX rejeita o aspecto sistemático do direito como método e como estrutura formal hermética. Para o primeiro aspecto, são pensadas correntes jurídicas que reconhecem, de uma forma ou de outra, a abertura do direito. Para o outro, posteriormente, são reformuladas as máximas de interpretação,

---

[16] É interessante perceber que essa generalização pode se realizar tanto na forma do direito estabelecido nos comandos abstratos de Lei quanto no direito criado a partir da atividade jurisprudencial. Naquela forma, o legislador seleciona, pela atividade legiferante, as consequências ou modo de ser de determinadas situações; nesta, os tribunais criam as razões de decidir, genéricas, a partir de casos concretos.

temperadas com as conquistas da filosofia da linguagem dos primeiros 50 anos do século XX.

Como aponta Saldanha (2012, p. 233):

> Mas, na virada para o século XX, enquanto os franceses já reviam e superavam a se- cura dos textos da Exegese, e o grande François Gény[17] propunha duas fórmulas centrais para refazer o tema da interpretação – ou seja, referência à interpretação e às fontes e a referência à ciência e à técnica –, os alemães começaram a usar o termo norma (os franceses empregavam *règle de droit*), termo que passaria das páginas de August Thon e de Karl Binding para, logo depois, as páginas de Kelsen.

A proposta dessa seção terciária foi demonstrar como surgiu algo a que se pode chamar de "ciência do direito", abarcando pelo menos a fase inicial do seu desenvolvimento como forma de pensamento. Cumpre agora trazer como ela foi se desenvolvendo no transcorrer do século XX, abordando os aspectos centrais de suas ideias.

2.3 IDEIAS SOBRE A CIÊNCIA DO DIREITO

Seria impossível tratar neste trabalho todos os caminhos pelos quais a teoria do direito se desenvolveu. Por outro lado, importa tratar pelo menos dos aspectos mais relevantes do desenvolvimento da ciência jurídica, para os fins propostos nesta produção.

2.3.1 A positivação e o desenvolvimento da ciência do direito

Como se demonstrou anteriormente, a partir do século XIX a dita ciência do direito se estrutura como um conhecimento voltado ao fenômeno jurídico como um todo. Nesse contexto, surgem diversas escolas de pensamento jurídico disputando espaço e preferência nos círculos acadêmicos do mundo do direito, destacando-se, para o direito europeu continental e, portanto, paradigma para o direito nacional, os movimentos franceses e germânicos apresentados acima.

---

[17] François Gény (1861-1959) representou um expoente da chamada Escola da Livre Investigação do Direito, para qual o direito não estaria de todo encerrado na legislação positiva e seria dado ao intérprete buscar outras fontes para a sua aplicação.

Há algo de comum entre essas construções teóricas; algo que perpassa o direito desde os oitocentos até o presente, que é o fenômeno da positivação. Em breves linhas conceituais de parte do verbete dicionário, usadas aqui apenas como ponto de partida, Maria Helena Diniz (2008, p. 735) define a positivação como "fenômeno marcado pela crescente importância da lei e caracterizado pela libertação do direito de parâmetros imutáveis.".

Retorna-se ao direito positivo, marco de pensamento jurídico no qual a quadra atual da teoria do direito permanece inserida. É bem verdade que a ideia de positivação é diferente da ideia de direito positivo propriamente dito. Num sentido amplo, positivar é a atitude de tornar posto. Adaptando essa ideia à teoria jurídica, tornar postas regras de comportamento não é algo particular do século XIX; mesmo na era do *ius commune* havia a imposição por parte das autoridades, de alguma forma, normas jurídicas.

No entanto, o sentido que aqui se quer empregar de positivação tem a ver com um fenômeno amplo ocorrido na Europa continental a partir da metade final do século XVIII, especialmente. Consiste na crescente identificação da Lei Positiva, emanada do Poder Soberano, com a fonte primordial do direito. Esse fenômeno se relaciona umbilicalmente ao positivismo, já esposado na seção anterior.

Mas o que significa para o desenvolvimento da teoria do direito o fenômeno da positivação? Ferraz Jr. (2014, p. 48) responde a essa pergunta, ao dizer que esse fenômeno:

> [...] estabelece o campo em que se move a Ciência do Direito moderna. Note-se que isso não precisa ser entendido em termos positivistas, no sentido de que só o Direito Positivo seja o seu objeto, mas simplesmente que a positivação envolve o ser humano de tal modo que toda e qualquer reflexão sobre o Direito tem de tomar posição perante ela.

Esse é um aspecto fundamental para o pensamento jurídico como um todo. Qualquer filosofia, teoria, pensamento jurídico contemporâneo, por mais radical que seja em suas posições, de alguma forma ou de outra se volta ao aspecto do direito positivado. Trata-se da ideologia jusfilosófica mais predominante nos campos de especulação do direito.

Essa predominância não é fruto de uma suposta qualidade intelectual ou epistemológica superior atribuída à ideia da positivação, da codificação, a construção do paradigma legal com o mais relevante para o direito a partir desse momento. Pelo contrário, trata-se "apenas" disso, de um paradigma dominante, que, como dominação, sempre se sustenta em fatores muito mais sutis e reais. Explana Lucas Gontijo (2011, p. 21), no sentido de que:

> A sistematização pode fazer com que os interesses liberais dominantes se propusessem de forma muito mais completa, ocupando espaços específicos, predeterminando condutas e desdobrando-se a partir de si mesmos, hierárquico, submisso, controlável. Eis aí a teoria da completude, da supressão de lacunas e dos procedimentos analógicos, que partem todos do uso do princípio da legalidade.

O autor tece crítica em forma de lembrete à construção teórica predominante da positivação, da sistematização do direito no sistema jurídico vigente. Com efeito, a percepção do marco da positivação não pode vir desacompanhada dos fatores colaterais com ela relacionados, tais como a cristalização, ainda que momentânea do direito, com o fito de serem construídos os padrões decisórios.

O que a passagem está a lembrar é precisamente que o conteúdo desses padrões decisórios é alimentado pela conformação de interesses sociais vitoriosos em determinados contextos – no caso do contexto apresentado, o da ascensão da positivação, da primeira metade do século XVIII para a primeira metade do século XIX – esses interesses são os interesses da burguesia em ascensão. Arremata o autor, tratando dos paradigmas da positivação como, "enfim, subjetividades que se acumularam ao longo da história, moldando de modo capilar a engenharia das relações de poder no novo contexto instaurado pelas revoluções liberais." (GONTIJO, 2011, p. 21).

2.3.2 O problema da ciência do direito como a decidibilidade

Diante das ideias conceituais do direito desenvolvidas a partir do século XIX, Tércio Sampaio Ferraz Jr. centra o problema da ciência do direito na decidibilidade. É interessante notar uma distinção feita pelo autor logo no primeiro parágrafo do texto onde ele trabalha os argumentos aqui explanados: "note-se, inicialmente, que não falamos em objeto, mas em problema. Com isso queremos dizer que, seja qual for o objeto que determinemos para a Ciência do Direito, ele envolve a questão da decidibilidade.". (FERRAZ JR., 2014, p. 48)

Essa observação não é sem importância. O autor deixa em suspenso a questão do objeto do direito para focar naquilo que, para ele, qualquer que fosse o objeto do direito pensado, estaria presente, que é seu problema enquanto sistema de conhecimento. Para desenvolver o argumento do problema da decidibilidade, Ferraz Jr. (2014) consigna algumas premissas, sendo a primeira delas o reconhecimento do caráter próprio do discurso jurídico como diretivo.

Enquanto as outras formas de conhecimento humano tem um caráter eminentemente descritivo e uma espécie de atração pela verdade, o direito teria um aspecto normativo, de direcionamento. Muitas das formas do conhecimento humano, como as ciências da natureza, biológicas, etc., preocupam-se eminentemente em descrever fatos e acontecimentos, voltando-se a uma tentativa de encontrar acordo entre essas descrições e a realidade (para usar termos da linguagem epistemológica já abordados anteriormente). É importante lembrar que o aspecto da verdade nessas formas de saber é compreendido atualmente como o atributo concedido à explicação que melhor consiga se sustentar quando submetida a um processo de antíteses e refutações[18].

Por outro lado, certa parcela do conhecimento não estaria voltada à construção de enunciados descritivos apenas, mas outra ordem de conceitos de conhecimento. Apesar de não haver menção direta ao argumento aqui exposto em Ferraz Jr. (2014), que já parte para o caráter dos enunciados normativos, é possível lembrar as lições de Wilhelm Dilthey e sua divisão das ciências em ciências do espírito (ciências sociais) e ciências da natureza.

Segundo Scocuglia (2002, p. 255), "de um modo geral, o termo "*Verstehen*" designaria uma atividade conceitual específica às ciências sociais ou humanas em contraposição ao termo explicação ou "*Erklären*" das ciências da natureza.". A atividade de compreensão (*Verstehen*) é atividade típica das ciências humanas porque estudam os significados das ações humanas, notadamente na história. Já o esclarecer (*Erklären*) volta-se precisamente a esclarecimentos de material diferente do das ações humanas, como as leis da natureza.

Retornando ao raciocínio desenvolvido por Ferraz Jr. (2014), o caráter dos enunciados jurídicos é diferente em comparação aos enunciados das outras formas de saber porque seu compromisso não é com a verdade, afastada das considerações jurídicas pelo fenômeno da

---

[18] Cf. POPPER, Karl. **Conjectures and refutations**: The growth of scientific knowledge. Routledge, 2014.

positivação, mas sim com a função diretiva do direito, de apontar comandos, determinar consequências diante de determinados fatos.

Ainda que ao direito e ao conhecimento jurídico importem os fatos sociais, as relações de poder, as necessidades humanas e tantos outros fatores que subjazem a criação normativa, de maneira imediata é a escolha estatal das consequências jurídicas que prevalece nas ponderações sobre a ciência do direito; as possibilidades de decisão, em resumo. Nas palavras de Ferraz Jr. (2014, p. 50):

> O Direito continua resultando de uma série de fatores causais muito mais importantes que a decisão, como valores socialmente prevalentes, interesses de fato dominantes, injunções econômicas, políticas etc. Ele não nasce da pena do Legislador. Contudo, a decisão do legislador, que não o produz, tem a função importante de escolher uma possibilidade de regulamentação do comportamento em detrimento de outras que, apesar disso, não desaparecem do horizonte da experiência jurídica, mas ficam aí, presentes e à disposição, toda vez que uma mudança se faça oportuna.

É desse argumento que o autor deduz o problema central da ciência do direito como a decidibilidade. O direito se preocupa com como são tomadas as decisões de caráter normativo, advenham elas de qualquer manifestação oficial estatal. É essa atividade decisional que caracteriza as principais preocupações do direito enquanto ciência, consistindo certamente num problema epistemológico central.

O legislador, em sua atividade legislativa, seleciona fatos sociais, necessidades humanas, interesses políticos, econômicos, os quais deverão sofrer regulamentação por parte do direito. Após isso, cria-se o preceito normativo abstrato, o qual indicará qual decisão os outros entes estatais deverão tomar diante das hipóteses previstas na Lei. Da mesma forma, os órgãos de aplicação do direito – autoridades administrativas, judiciárias, policiais – agirão no sentido de decidir com base na decisão prévia do legislador. O direito se manifesta como esse jogo de decisões.

Interessa a uma ciência do direito, portanto, a uma epistemologia jurídica, os instrumentos, fundamentos, justificações e quaisquer outros fatores relacionados à atividade decisória do direito. Essa é a dimensão do problema da decidibilidade dentro da epistemologia jurídica.

Numa última palavra sobre esse assunto, pode-se perceber relação entre o problema da decisão defendido por Ferraz Jr. com as propostas da epistemologia como apresentadas linhas acima. Foi dito que a epistemologia busca a sistematização do conhecimento jurídico, o estudo dos pressupostos de sustentação e legitimação do saber do direito. Pois bem. Fornecer subsídios para a correta apreensão do aspecto decisório só pode ser encarado como elemento da epistemologia jurídica, na busca, por exemplo, pela escorreita decisão judicial orientada por processos lógicos de argumentação.

2.3.3 O "objeto" da ciência do direito como a norma jurídica?

É lugar comum pensar que para determinado conhecimento ser qualificado como científico alguns requisitos seriam necessários, sendo um deles o de um objeto próprio de estudo, preferencialmente distinguível de outros objetos de outras ciências e avaliado à distância pelos investigadores. Essa concepção de ciência, herdeira do paradigma filosófico positivista, sobre a qual se falará a seguir, servirá nesse momento apenas para tentar delimitar o conteúdo das investigações jurídicas.

Nesse sentido, é preciso reconhecer que seria esforço impraticável exaurir, nessa seção, a questão do objeto da ciência jurídica. As considerações aqui realizadas dizem respeito à determinação do objeto para satisfazer outra necessidade metodológica desse trabalho, que é o preenchimento da ideia da epistemologia jurídica. Diante disso, a tentativa de determinação do objeto da ciência jurídica é aqui eminentemente instrumental.

O problema do objeto de estudo do direito é algo que se liga ao conceito mesmo de direito. Um olhar para o passado permite enxergar a variedade de definições historicamente relevantes para o direito, acompanhando as inflexões da sua autopercepção como saber, fazendo girar o eixo daquilo que seria o objeto da ciência jurídica.

À guisa de exemplo, note-se a definição de direito de Celso: *Ius est ars boni et aequi*, reproduzida solenemente no Livro I do Digesto do Corpus Iuris Civilis[19]. Essa definição em si tanto reflete o pensamento pragmático do direito romano, ligado essencialmente à tópica e à resolução de problemas, quanto demonstra lateralmente o seu objeto,

---

[19] Local onde se pode encontrar parte do *Corpus Iuris Civilis* na rede mundial de computadores, ainda que em Latim: <http://www.thelatinlibrary.com/justinian.html>

qual seja, a vida prudente, a ação humana prudente – a vida boa, a vida justa.

A evolução do fenômeno jurídico no tempo desembocou no paradigma do século XIX, marcado pela positivação e a consequente identificação do ato normativo produzido pelo Estado como elemento central do direito. As diversas tendências do que se poderia chamar positivismo redundaram, como dito, em outras tantas tendências de ciência normativa impossíveis de se exaurir aqui. Dentre essas inclinações teóricas, sem dúvida, uma desponta: o positivismo jurídico como defendido por Hans Kelsen.

O celebrado autor desenvolveu obra de relevância teórica inquestionável. Suas contribuições para o pensamento jurídico perpassam, centralmente, a filosofia do direito e o direito constitucional. No que concerne à especulação filosófica, sua obra *Teoria Pura do Direito*, publicada originalmente em 1934 e expandida em uma segunda edição em 1960, consiste num marco teórico fundamental do pensamento jusfilosófico do século XX.

Não compete aqui enfrentar todos os elementos de filosofia abordados por Kelsen em seu pensamento, ainda que se esforçasse a analisar apenas a *Teoria Pura*. Para permanecer fiel ao assunto proposto à discussão nessa seção, intenta-se analisar o aspecto do objeto da ciência do direito.

Todavia, importa destacar o plano teórico central da obra de Kelsen: a construção de uma teoria jurídica desprendida de fatores externos ao conhecimento jurídico. Logo no começo de sua obra, Kelsen busca consignar as bases do seu pensamento jusfilosófico, expondo:

> Quando a si própria se designa como "pura" teoria do Direito, isto significa que ela se propõe garantir um conhecimento apenas dirigido ao Direito e excluir deste conhecimento tudo quanto não pertença ao seu objeto, tudo quanto não se possa, rigorosamente, determinar como Direito. Quer isto dizer que ela pretende libertar a ciência jurídica de todos os elementos que lhe são estranhos. Esse é o seu princípio metodológico fundamental. (2009, p. 1)

A pretensão da teoria kelseniana é eliminar do conhecimento jurídico aquilo que não pertença ao objeto do direito. Percebe-se então uma clara preocupação de delimitação de estudo, um dos elementos fundamentais da epistemologia jurídica, como proposto logo na segunda seção desse capítulo. Dessa forma, pode-se afirmar que a teoria pura do direito é uma teoria epistemológica, que visa a assentar as bases de um conhecimento particular – o conhecimento jurídico ou aquilo que ao direito importa como conhecimento.

A respeito da necessidade de libertação da ciência do direito dos "elementos estranhos" à ela, explana Alexandre Travessoni Gomes Trivisonno (1997, p. 108):

> Kelsen mostra ainda que a ciência jurídica até então tinha se confundido com a psicologia ou a sociologia, com a ética e com a teoria política. Ele não nega que essas ciências têm conexão com o Direito, mas delimita o conhecimento jurídico em face delas para evitar um sincretismo metodológico que obscurece a essência da ciência jurídica e dilui os limites que lhe são impostos pela natureza do seu objeto.

A proposta de Kelsen é portanto estabelecer o marco epistemológico definidor do direito enquanto forma de saber. Destaca-se para essa empreitada a tese de separação entre o direito e moral defendida pelos atores positivistas, mas a demarcação de fronteiras proposta por Kelsen vai além disso, buscando um afastamento epistêmico do direito da economia, política, psicologia, etc.

Em tom crítico a essa proposta, merece menção a posição de Gontijo (2011, p. 39):

> Sua [de Kelsen] pretensão de pureza nada mais é do que uma postura cartesiana de segregação de dados subjetivos que estariam fora do mecanismo cientificamente proposto. Como efeito de seu método, nenhum corpo estranho ao sistema jurídico pode interferir, causando, inclusive, a exclusão da própria ideia de justiça.

A ressalva expressa acima é totalmente pertinente. A proposta de delimitação teórica do direito a partir da exclusão de outros saberes é de todo limitante, apesar de representar um ganho teórico relevante na análise do fenômeno jurídico sobre o qual se falará posteriormente. De uma forma ou de outra, a inspiração kantiana reflete em Kelsen diversas manifestações, sendo uma delas o condão de certo modo idealista da sua filosofia e de suas soluções teóricas. E, teoricamente, essa ideia é sedutora, porém, para Gontijo (2011, p. 41): "esse método é muito interessante sob o ponto de vista teórico. Mas inexiste essa possibilidade na prática jurídica. Não há como pensar o abstrato antes de conhecer o que se dá no concreto."

Mas, afinal, retornando à obra de Kelsen como referencial para falar a respeito do objeto do direito, como o autor enfrenta essa questão? Em sua *Teoria Pura*, Kelsen (2009, p. 79):

> Na afirmação evidente de que o objeto da ciência jurídica é o Direito, está contida a afirmação - menos evidente - de que são as normas jurídicas o objeto da ciência jurídica, e a conduta humana só o é na medida em que é determinada nas normas jurídicas como pressuposto ou conseqüência, ou - por outras palavras - na medida em que constitui conteúdo de normas jurídicas.

Kelsen estabelece que o objeto da ciência jurídica é o Direito e o objeto do Direito são as normas jurídicas, isto é, os comandos imperativos de conduta humana. Diante disso, é possível concluir que o objeto da ciência jurídica são as normas jurídicas, como colocado pelo autor, os comandos imperativos, com caráter de dever-ser (KELSEN, 2009).

Diante dessas ponderações, pode-se acolher a proposta de Hans Kelsen da norma jurídica como objeto do direito? Em certa medida, sim, dentro de duas possibilidades sobre as quais se desenvolverá. A primeira delas é a seguinte.

Após a consolidação do paradigma positivo no direito qualquer especulação filosófica séria a respeito do fenômeno jurídico precisa encarar o aspecto normativo estatal. Essa realidade é impossível de afastamento. Sobre isso já foi dito na seção 2.3.1 desse trabalho, onde foi trazido que o direito positivo oferece o campo em que o direito moderno se manifesta.

Em virtude disso, as discussões da ciência do direito precisam passar necessariamente pelo aparato normativo estatal como um dos seus elementos centrais, mesmo que isso se dê apenas como recurso metodológico epistêmico. É para onde aponta Gontijo (2011, pp. 44-45), para quem:

> Kelsen vê como realidade jurídica o direito que é efetivamente "posto" pelo Estado e parte desse dado que poderia ser constatado, crendo ter desta forma obtido o seu critério de cientificidade do fenômeno jurídico. Há, no entanto, apenas uma espécie de recorte metodológico, e sua teoria não é propriamente científica, mas epistemológica.

A do objeto do direito ser a norma jurídica funciona como pressuposto metodológico é realmente muito útil, pois delimita relativamente bem sobre o que as suas considerações epistêmicas irão incidir.

É muito acertada a colocação do autor ao apontar que a teoria pura do direito é mais uma teoria epistemológica do que científica. Isso porque, na esteira do que foi colocado, a epistemologia estuda o conhecimento em si e os aspectos de sua justificação e não necessariamente o conhecimento científico. Disso decorreria a percepção de que a teoria kelseniana, nesse particular do objeto do direito, identifica-o com a norma apenas e tão-somente para determinar a que o conhecimento jurídico é destinado.

A segunda possibilidade para o reconhecimento do objeto da ciência do direito como a norma jurídica visualizada por essa produção será defendida agora.

Mais uma vez, é preciso lembrar que após a instauração da predominância do paradigma do direito positivo qualquer postura da epistemologia jurídica tem que ter em conta o aspecto normativo da experiência jurídica. Isso significa dizer que, em certa medida e para além do que já foi colocado, a norma jurídica pode ser encarada como objeto direito, especialmente se se assumir esse postulado – a norma jurídica é o objeto da ciência do direito – imprimindo à expressão norma jurídica uma abordagem holística, mais ampla do que a visão positivista tradicional. Isso requer uma explicação.

Qualquer pessoa de posse apenas do discurso do senso comum tem alguma noção daquilo sobre o que o direito se refere: condutas humanas ou situações sociais valoradas como certas e erradas e às quais se atribui algum tipo de consequência oficial. Na experiência pessoal desse pesquisador, não são raras as vezes que alguém se dirige para perguntar se determinada conduta é crime, se se pode fazer determinada coisa, qual a previsão oficial para determinado acontecimento.

Essa percepção do senso comum não está tão distante da acepção científica, por assim dizer, do direito. É do entendimento teórico do fenômeno jurídico a ideia de normatização de condutas e situações; também o é a presença, de alguma forma ou de outra, do Estado nesse processo de normatização, seja na criação dos padrões, seja na sua aplicação oficial.

Levando isso em consideração, não se pode afastar da discussão epistemológica do direito noções como a criação de padrões de comportamento por meios oficiais e a imposição desses padrões por canais igualmente oficiais, caso não sejam voluntariamente seguidos. Qualquer discussão de filosofia do direito que negar essa realidade vai contra o próprio elemento definidor do direito.

Ocorre que encarar a norma jurídica como objeto do direito do ponto de vista apenas formal e reducionista, entendendo-a tão-só como ato normativo emanado do poder estatal, ou enfrentando apenas os elementos lógicos a ela atinentes, seu processo de elaboração, questões de vigência, conflito aparente de normas etc. reduziria o fenômeno jurídico a um estudo de esquemas formais de pensamento à moda do cartesianismo.

Uma acepção tal de norma jurídica como objeto do direito não poderia prosperar no pensamento jurídico contemporâneo. A penetração das teorias argumentativas filosóficas no direito como instrumento de justificação das decisões jurídicas, que ganha relevo especialmente a partir da guinada linguística, já pôs em xeque essa estrutura sistêmica tradicional do direito, ampliando a noção de direito e, portanto, de norma jurídica como essencialmente construídos pelo discurso. A esse respeito, disserta Gontijo (2011, p. 92):

> O que funciona para o direito [em comparação ao esquema de silogismo tradicional da lógica] é a argumentação, pois esta se impõe mediante a dialética dos argumentos que buscam legitimar-se por meio da persuasão. O direito é a arte retórica que depende da razoabilidade e da aceitação da sua racionalidade. Não há um método específico, correto ou *a priori* a ser tomado; há, sim, a possibilidade de buscar convencimento, adequabilidade de forma dialética.

Para além disso, a acepção contemporânea do direito é marcada por questões substancialmente relevantes como a fundamentação democrática do direito, a inclusão de grupos social e historicamente vulneráveis e a promoção de seus direitos, o elemento valorativo do direito, que Kelsen, expressamente, rejeita[20], tendo isso como exemplo o reconhecimento do valor existencial humano como fundamental para a ordem jurídica.

---

[20] É conhecida e marcante a seguinte passagem da *Teoria Pura do Direito:* "Embora as normas jurídicas, como prescrições de dever-ser, constituam valores, a tarefa da ciência jurídica não é de forma alguma uma valoração ou apreciação do seu objeto, mas uma descrição do mesmo alheia a valores (*wertfreie*). O jurista científico não se identifica com qualquer valor, nem mesmo com o valor jurídico por ele descrito." (KELSEN, 2011, p. 77).

Esses aspectos exigem do direito uma compreensão muito mais profunda de si mesmo, que abandone o seu acrisolamento e passe a reconhecer sua inserção num contexto humano muito mais amplo do que a determinação do lícito ou ilícito. Trata-se da proposta de compreensão holística da norma jurídica como necessidade para seu reconhecimento como objeto do direito.

O que se está a propor é que a compreensão de norma jurídica como objeto da ciência do direito não envolva apenas a determinação de um fato e sua consequência jurídica mas também ponderações a respeito do modo como se realizará a aplicação dessa consequência; a argumentação dentro da razão prática como fundamental para determinação do conteúdo das regras de direito; as consequências reais da adoção de determinado posicionamento para os destinatários da norma; o aspecto valorativo da norma como subsídio de sua compreensão e, enfim, outros aspectos laterais à norma jurídica que importem para ela.

Necessário deixar claro que não se propõe um novo conceito para norma jurídica ou uma nova teoria da norma jurídica. A rigor, o que se está querendo defender é uma ideia contextual da norma jurídica como pretenso objeto do direito, envolvendo na sua consideração não apenas o preceito normativo mas o procedimento argumentativo para determiná-lo, os processos de sua aplicação, os entes estatais que irão garantir essa aplicação, as suas consequências e também, por que não, o aspecto de valor subjacente à norma.

Assumindo essas ideias como elementos de compreensão da norma jurídica, alargando substancialmente sua percepção comparando à teoria de Kelsen porém sem eliminá-la desse esquema de compreensão, é possível defender essa outra forma de compreender a norma jurídica como objeto do direito, ao lado de seu entendimento como opção epistêmica e metodológica.

Já que foi utilizada aqui a expressão "objeto" como mero recurso de abordagem e conceito transitório, também é possível propor uma locução menos carregada de cientificismo para uma adequação terminológica que contemple a superação do paradigma das ciências tradicionais, debatido no tópico seguinte. Pode-se optar por chamar de campo de investigação do direito ao invés de objeto.

2.4 A NATUREZA DO SABER JURÍDICO: PODE O DIREITO SER CHAMADO DE CIÊNCIA?

Questão que suscita debates no meio jurídico é a da natureza do saber jurídico. Pode parecer estranho falar sobre o caráter científico do direito após ter se tratado do seu objeto, presumivelmente integrante de uma pretensa ciência do direito, mas a opção de abordagem de tratar desse assunto nesse ponto se justifica porque conceitos fundamentais a respeito do desenvolvimento da ciência do direito precisavam ser enfrentados antes de qualquer coisa, para a compreensão da sua dita natureza de ciência.

Nos tópicos anteriores, desenvolveu-se sobre como teria surgido a ideia de uma ciência do direito. Produto de um tempo, resultado dos movimentos teóricos gestados no seio da consolidação do Estado Liberal e da ascensão da burguesia, influenciada pelo racionalismo dos séculos XVIII e XIX, a "ciência do direito" surgiu com as pretensões típicas das ciências desse tempo: objetividade, neutralidade e totalidade.

Os valores de produção de conhecimento nessa época eram permeados pelas conquistas das ciências naturais e pela crença nos seus métodos, eminentemente empíricos, de teste e prova (BAPTISTA, 2015), fortemente influenciaos pelo positivismo filosófico desenvolvido por Augusto Comte[21]. Não tardou para que esses postulados científicos chegassem às ciências sociais. Como lembra Boaventura de Sousa Santos (2008, p. 33):

> A consciência filosófica da ciência moderna, que tivera no racionalismo cartesiano e no empirismo baconiano as suas primeiras formulações, veio a condensar-se no positivismo oitocentista. Dado que, segundo este, só há duas formas de conhecimento científico — as disciplinas formais da lógica e da matemática/e as ciências empíricas segundo o modelo mecanicista das ciências naturais — as ciências sociais nasceram para ser empíricas.

A influência do positivismo nas ciências sociais se manifestou de duas formas, segundo Santos (2008): primeiro, na aplicação dos métodos das ciências naturais às ciências sociais. Esta concepção é amplamente conhecida e pauta a centralidade do desenvolvimento das ideias do positivismo filosófico no seio das ciências da sociedade. Segundo, a

---

[21] Obras fundamentais do autor em: COMTE, Auguste. Curso de filosofia positiva; discurso sobre o espírito positivo; discurso preliminar sobre o conjunto do positivismo; catecismo positivista. Seleção de textos de José Arthur Giannotti; traduções de José Arthur Giannotti e Miguel Lemos. — São Paulo: Abril Cultural, 1978. (Os pensadores)

necessidade de criação de uma metodologia própria para o entendimento das ações do homem, visto que a ação humana como objeto de estudo é diferente dos aspectos das ciências naturais.

Foi no contexto de influência desses aspectos teóricos que a ciência do direito surgiu e se desenvolveu, como foi explanado na seção imediatamente anterior.

Também foi nesse contexto que o discurso científico ganhou mais força enquanto tal. As marcas do positivismo na ciência qualificaram o que Boaventura de Sousa Santos (2008, p. 20), chamou de "o paradigma dominante" e levaram à compreensão de ciência que permaneceu arraigada no pensamento filosófico por décadas: ser o conhecimento científico qualificadamente superior que as outras formas de saber, notadamente pela sua pretensão de universalidade; pressupor um método de estudo particular, notadamente o das ciências da natureza, empírico e baseado na tentativa e erro, e; determinação de um objeto preciso de estudo, metodológica e epistemicamente separados do investigador.

A teoria kelseniana e sua concepção do direito enquanto ciência foram erigidas nessa senda, numa continuidade do pandectismo alemão influenciada pelas aspirações teóricas do empirismo lógico do Círculo de Viena. Segundo Elza Afonso (1984, p. 205):

> A concepção que a ciência é uma atividade que se esgota na formulação de leis é o modelo de ciência que Kelsen aplica ao direito. A ciência do direito é, para ele, uma atividade descritiva, cuja única função é a de anunciar as normas jurídicas positivas, através da formulação das regras de direito, ou proposições jurídicas.

A ideia da ciência como formuladora de leis reflete sua pretensão de universalidade. Como a ciência, tradicionalmente, relaciona-se a uma pretensão de verdade, conceito filosófico dotado de pretensão de universalidade, o escopo que Kelsen quer prestar a sua teoria pura é o de formular categorias gerais aplicáveis ao entendimento do fenômeno jurídico como um todo. A isso se liga a percepção da ciência do direito como uma atividade descritiva, dissecando as normas gerais de todas as ordens jurídicas.

Lucas Gontijo, comentando a postura de Kelsen e sua tentativa de impressão na ciência jurídica dos valores do positivismo (especialmente o positivismo lógico), destaca que, com isso:

> [...] o direito se revestiu de caráter pseudocientífico, tomando emprestado das ciências naturais características que não lhe são

próprias nem mesmo lhe deram qualquer previsibilidade. O que
está por trás de uma positividade dita sistemática é a
necessidade de se estabelecer um mecanismo que, por sua vez, é
uma técnica de controle. (GONTIJO, 2011, p. 77).

Todavia, o paradigma dominante das ciências contemporâneas
passou/vem passando por um processo de reconstrução em seu próprio
âmago. É interessante notar que os avanços científicos permitidos pela
própria ciência de inspiração positiva permitiram uma reavaliação dos
seus dogmas de certeza: a relatividade de Einstein; os modelos
subatômicos; a incerteza de Heisenberg; a física de partículas, enfim,
todos avanços das ciências construídas sobre as sólidas bases do
cartesianismo e da física newtoniana começaram a ser postos em dúvida e,
posteriormente, superação (SANTOS, 2008).

Operou-se uma quebra de paradigmas estruturantes nas ciências
como um todo. Segundo Kuhn (1998, p. 13), paradigmas são "as
realizações científicas universalmente reconhecidas que, durante algum
tempo, fornecem problemas e soluções modelares para uma comunidade
de praticantes de uma ciência.". Kuhn (1998) aponta que a evolução das
ciências se dá a partir da ruptura de paradigmas científicos antes
partilhados como verdadeiros.

A pretensão de descoberta de leis gerais aplicáveis aos objetos de
conhecimento, manifestadas por meio da função descritiva da ciência e
atingidas a partir da aplicação de um método, parece caminhar para certa
relativização. Segundo Santos (2008, p. 76):

> No paradigma emergente o conhecimento é total, tem como
> horizonte a totalidade universal de que fala Wigner ou a
> totalidade indivisa de que fala Bohm. Mas sendo total, e
> também local. Constitui-se em redor de temas que em dado
> momento são adoptados por grupos sociais concretos como
> projectos de vida locais, sejam eles reconstituir a historia de um
> lugar, manter um espaço verde, construir um computador
> adequado as necessidades locais, fazer baixar a taxa de
> mortalidade infantil, inventar um novo instrumento musical,
> erradicar uma doença, etc., etc.

Isso significa dizer que o conhecimento na ciência contemporânea
parece não tratar como paradigma fundamental a especialização do saber,
mas passa a enxergá-lo como um saber total, geral, interdisciplinar, livre
de limitações em disciplinas herméticas.

Para a ciência moderna dos séculos XVIII e XIX, quanto mais especializada, precisa e determinada fosse a área do conhecimento maior seria a possibilidade do saber científico constituir-se num saber correto, verdadeiro. A redução epistemológica do objeto garantiria a precisão da análise. A consequência dessa postura é a contenção do saber em categorias que funcionam como compartimentos estanques, tendendo a enfraquecer a interconexão com outras formas de saber.

Por outro lado, o conhecimento científico da atualidade parece almejar constituir-se como um horizonte amplo. Isso não se deve confundir com a pretensão de generalização das leis científicas da ciência clássica. O paradigma científico do passado buscava, na função descritiva da ciência, descobrir leis aplicáveis a uma universalidade de casos de maneira geral. O aspecto da totalidade do saber científico que Santos (2008) menciona é a ideia de um saber holístico, preocupado com o todo, isto é, livre das prisões da especialização do conhecimento.

Naturalmente, essa revisão do caráter especialista do saber científico implicaria mudanças no seu método, de maneira geral. O modelo metodológico tradicional, importado das ciências da natureza, não é mais cabível no paradigma científico emergente. Destaca-se, para Santos (2008, p. 77-78), o caráter ampliativo da ideia metodológica, a contemplar uma pluralidade de métodos:

> Um conhecimento deste tipo e relativamente imetódico, constitui-se a partir de uma pluralidade metodológica. Cada método é uma linguagem e a realidade responde na língua em que e perguntada. Só uma constelação de métodos pode captar o silêncio que persiste entre cada língua que pergunta.

Revistos o método e a pretensão descritiva-generalizante das ciências, a ideia de objeto de estudo também não poderia permanecer incólume. Para as ciências com um quê de positivas, era importante a manutenção de uma distância científica entre o pesquisador e o objeto de pesquisa. Trata-se da repercussão científica de um dilema que perpassa a filosofia ocidental há milênios, o da separação entre sujeito e objeto.

Não se pretende, aqui, enfrentar tão espinhosa temática quanto essa. Em apertada síntese, pode-se consignar que, para as ciências do século XIX, era fundamental manter-se distante do objeto de estudo para não comprometer a objetividade da análise pretendida. A influência do cientista nos dados coletados comprometeria o resultado, alterando as respostas dos testes e experimentos.

Com as ciências sociais não foi diferente. Influenciadas pelas construções teóricas do positivismo filosófico, a sociologia, a antropologia, a etnologia empreenderam esforços no sentido de depurar ao máximo quaisquer elementos de presença do sujeito investigador da análise do objeto investigado. Consistia, ao mesmo tempo, numa exigência metodológica e num pressuposto da ciência possível e permitida.

Todavia, como dito, a reestruturação dos paradigmas fundamentais também afetou esse postulado científico positivo. Segundo Santos (2008, p. 78), "todo o conhecimento científico é autoconhecimento. A ciência não descobre, cria, e o acto criativo protagonizado por cada cientista e pela comunidade científica no seu conjunto tem de se conhecer intimamente antes que conheça o que com ele se conhece do real.".

Diante desse cenário de reestruturação total dos paradigmas fundamentais das ciências, como fica o direito? Pode-se dizer que, presentemente, ainda é possível falar em uma ciência jurídica?

Inicialmente, cumpre destacar que os fundamentos das ciências não mudariam sem implicarem mudanças na própria ideia de ciência. A percepção da ciência de si para si também foi reformulada, convivendo agora as mais diversas matizes de noções conceituais para a ciência. Para Rubem Alves (2015, p. 14), a ciência "não é uma forma de conhecimento diferente do senso comum. Não é um novo órgão. Apenas uma especialização de certos órgãos e um controle disciplinado de seu uso.".

A definição dada pelo autor em *Filosofia da Ciência: introdução ao jogo e a suas regras,* que mescla filosofia, arte e até exercícios mentais e coaduna com as visões de Boaventura de Sousa Santos a respeito da ciência expressas em *Crítica da Razão Indolente.* O saber científico atual não seria um estado de conhecimento elevado, por natureza superior ao conhecimento do senso comum. Tratar-se-ia de um saber diferente.

Buscar a definição conceitual de ciência é empreender tarefa, entende-se, diretamente contrária ao próprio paradigma científico contemporâneo. Se a filosofia da ciência acolher suas próprias construções atuais, deveria encarar com ceticismo uma empreitada conceitual que viesse a limitar o que é a ciência.

Por isso, parece ser adequado conceber a ciência no paradigma contemporâneo a partir das lições de Boaventura de Sousa Santos, trazendo aqui os aspectos gerais que esse autor atribui ao paradigma científico de hoje para tentar delinear como a ciência de hoje pode ser vista – não o que ela é.

Primeiro, pode-se trazer as noções já tratadas aqui: a ciência se constitui como um saber autorreferencial, com um conhecimento de si mesmo, um autoconhecimento caminhando para superar a dicotomia sujeito/objeto. O conhecimento se pretende como total, isto é, amplo, sem especializações ou limitações como necessárias a sua precisão (SANTOS, 2008).

Para além disso, ainda Santos (2008), outra característica do paradigma emergente seria a reabilitação do senso comum como forma de saber válida. A ciência moderna qualificava o senso comum como uma forma inferior de saber. O racionalismo dos séculos XVIII e XIX entendia o povo como ignorante, limitado, cabendo ao pensamento racional e científico iluminar o progresso para um novo estado de saber melhor e superior que o antigo.

O paradigma pós-moderno da ciência reconhece no senso comum uma forma relevante de saber. Santos (2008) parece identificar duas posições do senso comum em sua relação com o conhecimento científico. Primeiro, uma posição de contribuição mútua: o senso comum, de caráter pragmático, simples, retórico etc. pode contribuir à ciência justamente nesses seus aspectos, da mesma forma que o saber científico auxilia o senso comum a superar suas limitações. É interessante notar a observação que faz Rubem Alves (2015, p. 12), para quem "a aprendizagem da ciência é um processo de desenvolvimento do senso comum. Só podemos ensinar e aprender a partir do senso comum que o aprendiz dispõe.".

Segundo, o senso comum parece indicar o destino do conhecimento científico: o saber científico tem certa pretensão de se tornar um saber de senso comum. Que pesquisador não gostaria que sua teoria, suas descobertas, seus avanços não fossem conhecidos por todos? Que tipo de ciência seria essa a ficar encastelada nos círculos dos sábios, sem dialogar com os demais? Citando literalmente Santos (2008, p. 90-91): "O conhecimento científico pós-moderno só se realiza enquanto tal na medida em que se converte em senso comum.".

Por último, a proposta do autor é que, presentemente, não é mais possível falar em dicotomia entre ciências naturais e ciências sociais. Essa divisão, que parece a todos evidente, parte do pressuposto de que as características do mundo físico seriam diferentes do mundo social. Essa noção fundante, demonstra Santos (2008), não mais comporta lugar de ser: os avanços das ciências ditas naturais demonstraram que a matéria que compõe a natureza partilha com homem características, além das moleculares, também estruturais[22].

Para o autor, o paradigma científico contemporâneo aproxima cada vez mais as ciências naturais das ciências humanas, vindo porém numa espécie de movimento reverso do proposto, por exemplo, pela sociologia tradicional do começo do século XX. Ao invés de se estarem aplicando as construções das ciências naturais às ciências sociais são essas que vem contribuindo com as análises das ditas ciências da natureza.

Trata-se, em verdade, de mais uma superação da cisão entre sujeito e objeto, em que, desta vez, cinge-se a limitação supostamente evidente entre os domínios do conhecimento físico e o conhecimento natural. Parece que a distinção entre o *Erklärung* e o *Verstehen* de Dilthey tem se dissipado e os fenômenos todos, mesmo os naturais, têm sido compreendidos ao invés de apenas esclarecidos.

Disso decorre a proposta, radical, de Boaventura de Sousa Santos de que todo o conhecimento é um conhecimento social porque todo conhecimento é um conhecimento humano.

> A concepção humanística das ciências sociais enquanto agente catalisador da progressiva fusão das ciências naturais e ciências sociais coloca a pessoa, enquanto autor e sujeito do mundo, no centro do conhecimento, mas, ao contrário das humanidades tradicionais, coloca o que hoje designamos por natureza no centro da pessoa. Não há natureza humana porque toda a natureza é humana. (SANTOS, 2008, pp. 71-72)

Derrubadas as barreiras entre as ciências naturais e as ciências sociais, o autor propõe que, como o conhecimento em si é uma forma de expressão humana, uma tentativa humana de compreensão do que lhe cerca e como ele mesmo é algo que o cerca – superação da dissociação sujeito-objeto – as formas de saber, como o conhecimento, ligam-se

---

[22] Santos (2008, pp. 63-63) faz farta referência a essas novas formas de enxergar a matéria natural, aproximando-a elementos humanos e sociais: "Num certo regresso ao pan-psiquismo leibniziano, começa hoje a reconhecer-se uma dimensão psíquica na natureza, "a mente mais ampla" de que fala Bateson, da qual a mente humana é apenas uma parte, uma mente imanente ao sistema social global e a ecologia planetária que alguns chamam Deus. Geoffrey Chew postula a existência de consciência na natureza como um elemento necessário a autoconsistencia desta última e, se assim for, as futuras teorias da matéria terão de incluir o estudo da consciência humana. Convergentemente, assiste-se a um renovado interesse pelo "inconsciente colectivo", imanente a humanidade no seu todo, de Jung.".

fundamentalmente a expressão humana, notadamente a sua expressão social.

Diante de tudo que foi exposto, é possível propor uma espécie de delineamento do conhecimento científico no paradigma da pós-modernidade (não uma redução conceitual), qual seja: uma forma de conhecimento, antes de tudo, sobre si mesmo e sobre a sociedade, construída de maneira geral, interrelacional e sem especializações, com um método de explicações simples, próxima ao senso comum e a ele também direcionada, cujo campo de investigação é aquilo que diz respeito à vida humana.

As digressões aqui realizadas voltaram-se a fornecer subsídios teóricos para responder a indagação que intitula essa seção do trabalho: pode o direito ser chamado de ciência?

A pergunta aponta uma possibilidade, não uma demarcação conceitual. Não se indaga se o direito é uma ciência, especialmente porque, como se disse, a definição de ciência no paradigma contemporâneo não pode, por questão de coerência, ser fechada em forma de conceito. Se a pergunta trabalha o campo da possibilidade, a resposta a essa pergunta só pode operar no campo da possibilidade.

Portanto, à luz do paradigma emergente de ciência explicitado entende-se que é possível atribuir ao conhecimento jurídico as características de ciência.

Se a proposta delineada algumas páginas atrás for aceita, de que o campo de investigação da ciência jurídica é a norma jurídica numa acepção holística, a levar em conta não apenas os esquemas lógico-formais relativos à normatização mas também diversos outros elementos a ela laterais, pode-se portanto considerar o direito como ciência.

Isso por que o campo de investigação do direito pode ser trilhado dentro dos caracteres que marcam a ciência do paradigma emergente: sem uma separação entre sujeito/objeto, captando o pensador/aplicador do direito como um sujeito também influenciado por ele; com pretensão de generalidade e largueza nas suas considerações, notadamente na manifestação da interdisciplinaridade do direito e outras formas de ciência; em defesa de uma aproximação do conhecimento jurídico do senso comum, transformando o saber jurídico em um saber popular.

É natural que haja resistência por parte dos pensadores do direito em chamar o direito de ciência. Esse receio pode advir do preconceito cultivado nos campos de pensamento pelo cientificismo do século XIX, como aponta Rubem Alves (2015). Demorará algum tempo para que o paradigma emergente se torne paradigma dominante, apesar de essa marcha estar em curso (SANTOS, 2002). Até lá, muita reticência será encontrada para qualificar uma forma de conhecimento como ciência porque isso pode evocar tudo o que já se trouxe sobre a concessão de *status* de ciência a um campo do conhecimento.

Todavia, se o estudo do direito se manifestar no espaço da proposta de compreensão atual da ciência, trazida singelamente nessa produção, não há por que não considerá-lo uma expressão da ciência do paradigma emergente e, portanto, não há motivo para fazer reservas a chamá-lo de ciência.

3 TEORIAS EPISTEMOLÓGICAS DE JUSTIFICAÇÃO DO CONHECIMENTO E EPISTEMOLOGIA JURÍDICA: UMA PROPOSTA DE APROXIMAÇÃO

O objetivo fundamental desse trabalho é promover uma aproximação entre as teorias de justificação do conhecimento, como trabalhadas pela epistemologia filosófica, e a epistemologia jurídica. Para tanto, foram necessidades metodológicas apresentar o conceito de epistemologia e de justificação do conhecimento e enfrentar a epistemologia jurídica como campo de conhecimento específico nos capítulos primeiro e segundo, respectivamente.

Agora, nessa terceira seção busca-se empreender o esforço de aproximação entre essas ideias, a fim de demonstrar a aplicabilidade das construções teóricas da epistemologia dita geral ou filosófica ao conhecimento do direito. Foram lançadas como premissas nos primeiros capítulos que a epistemologia filosófica geral cuida da justificação do conhecimento como empreendimento cognitivo voltado a determinar as razões suficientes que levam alguém a crer em alguma proposição acerca de determinado dado da realidade. Com isso se formaria o conhecimento: uma crença com pretensão de verdade, de modo racional, e justificada.

Por opção metodológica, como explanado na introdução dessa produção, o aspecto da verdade do conceito de conhecimento foi abordado apenas *en passant*, posto que ela constitui campo de investigação muito amplo e tratar desse tema faria a produção caminhar fora dos eixos pretendidos. Pela definição trazida de justificação vê-se que ela se liga à noção de proposição. Diante disso, é mister enfrentar o significado de proposição para o conhecimento jurídico.

Também importa lembrar que a justificação do direito é tema vastíssimo e esse trabalho não se constrói com pretensão de analisar as teorias de justificação do direito de maneira aprofundada, mencionando-as também de passagem para condições para seu objetivo: demonstrar a aplicação de conceitos da epistemologia geral à epistemologia jurídica.

3.1 A PROPOSIÇÃO E O CONHECIMENTO JURÍDICO

Como tratado no capítulo primeiro, proposições seriam o conteúdo de significados de uma sentença, de uma afirmação, de uma asserção; um enunciado a respeito de algo, podendo se referir tanto a ideias quanto a coisas, pessoas, acontecimentos, sugestões; enfim, qualquer coisa que possa ter um significado relacional. Essa foi uma definição geral apresentada, naquele momento, para satisfazer uma necessidade conceitual temporária. Agora, cumpre tratar de modo mais direto das proposições.

Aristóteles, em *Da Interpretação*, conceitua proposição relacionando-a com o conceito de sentença. Para O Filósofo (2012, p. 84, 16b[23]): "a sentença é a fala dotada de significação, sendo que esta ou aquela sua parte pode ter um significado particular de alguma coisa, ou seja, que é enunciado, mas não expressa uma afirmação ou uma negação.".

Algumas linhas à frente, é feita a distinção entre proposição e sentença, "chamamos de proposições somente as [sentenças] que encerram verdade ou falsidade em si mesmas." (ARISTÓTELES, 2012, p. 84, 17a).

Portanto, a definição tradicionalmente cultivada acerca da proposição é ser ela uma parte do discurso que pode encarnar em si o predicado de ser verdadeira ou falsa. Em *Teeteto* já se pode perceber essa ideia; é sobre um juízo de verdade ou falsidade de uma proposição que a atividade de conhecimento se movimentar.

Esse modo de ver a proposição permanece presente no pensamento ocidental e exerce forte influência sobre os domínios da filosofia da linguagem até hoje. A título de exemplo, veja-se o que dispõe Ludwig Wittgenstein em *Investigações Filosóficas,* conceituando proposição (2009, p. 78): "chamamos de proposição aquilo a que, na nossa linguagem, aplicamos o cálculo de funções da verdade.". Mais à frente, o mesmo autor, na mesma página, escreve: "Assim como a proposição de que somente uma proposição pode ser verdadeira, só pode dizer que nós atribuímos os predicados 'verdadeiro' e "falso" ao que chamamos de proposição.".

Wittgenstein representou um marco teórico importante na filosofia da linguagem do início do século XX. Sua obra influenciou a corrente de pensamento do chamado Círculo de Viena, movimento intelectual europeu que defendia uma proposta de filosofia chamada Positivismo Lógico, reunindo diversos filósofos, diversas tendências e ainda influenciando outras considerações posteriores ao seu período de auge.

---

[23] Referência à edição convencional da obra de Aristóteles de Brekker, 1831.

Evidentemente, a acepção mesma de proposição é tema objeto de debate nos círculos de discussão filosófica. Seu conceito como aquilo sobre o que se pode aplicar jogos de linguagem para determinar sua falsidade ou validade também não é unânime. Pablo Jiménez Serrano (2007) indica haver uma tensão filosófica para determinar a utilidade do esquema proposicional, a título de exemplo.

Todavia, ainda com Serrano (2007) vê-se que é possível perceber o debate acerca disso é muito menos controverso e intenso que sobre outros temas de filosofia, havendo certo consenso a respeito da ideia proposicional, especialmente se se adotar um conceito amplo a respeito da proposição como o indicado no capítulo primeiro e repetido nesse tópico.

O conceito de proposição sugerido por esse autor caminha num sentido conciliador e genérico sem, todavia, perder precisão filosófica. Dispõe Serrano (2007, p. 15): "proposição é uma construção linguística por meio da qual, de forma lógica e coerente, procuramos descrever, explicar, relacionar ou prescrever alguma coisa (objetos, fenômenos, ideias e condutas).".

Apresentados aspectos gerais a respeito de proposição para a filosofia como um todo, cumpre tratar do significado da proposição para o conhecimento jurídico.

Hans Kelsen, em *Teoria Pura do Direito* e *Teoria Geral do Direito e do Estado,* estabelece conceitos importantes para o entendimento sobre as proposições jurídicas, ainda que esses conceitos sejam tratados de forma diferente nesse trabalho pelas razões que serão defendidas. Em *Teoria Pura* o autor faz a seguinte consideração acerca das proposições jurídicas:

> *Proposições* jurídicas são juízos hipotéticos que enunciam ou traduzem que, de conformidade com o sentido de uma ordem jurídica - nacional ou internacional - dada ao conhecimento jurídico, sob certas condições ou pressupostos fixados por esse ordenamento, devem intervir certas consequências pelo mesmo ordenamento determinadas. (2009, p. 80)

O conceito lido nessa passagem, sem uma análise contextual, merece detida explicação. Inicialmente, é importante trazer as ideias anteriores a esse excerto para proceder à sua explicação. Kelsen (2009) destaca que a ciência jurídica tem como função entender as condutas humanas que possuem pertinência para as normas jurídicas como seu conteúdo; compreender o ordenamento jurídico em sua totalidade. Ela desempenha um papel eminentemente descritivo, portanto, um papel de descrição acerca do direito.

O autor em comento preocupa-se em tratar da diferença entre o direito e a sua ciência. Pontua Kelsen (2009, p. 82): "a ciência jurídica, porém, apenas pode descrever o Direito; ela não pode, como o Direito produzido pela autoridade jurídica (através de normas gerais ou individuais), *prescrever* seja o que for." (itálico do autor). O direito é o material autoritativo imposto pelo Estado através da coação; uma ordem normativa globalmente eficaz. A ciência do direito é a descrição a respeito de todo esse sistema normativo.

A essência da acepção kelseniana de proposição reside na distinção entre proposição e norma jurídica. A norma jurídica é algo particular ao Direito e não à sua ciência. Norma jurídica é um esquema prescricional, não proposicional; tratam-se dos comandos deontológicos, centrais da teoria do direito do afamado autor austríaco: "as *normas* jurídicas, por seu lado, não são juízos, isto é, enunciados sobre um objeto dado ao conhecimento. Elas são antes, de acordo com o seu sentido, mandamentos e, como tais, comandos, imperativos." (KELSEN, 2009, pp. 80-81).

Em outra obra muito importante, *Teoria Geral do Direito e do Estado*, Kelsen trata das proposições jurídicas por um termo diferente, usando "asserção". Diz:

> Toda asserção exposta por uma ciência do Direito deve estar fundamentada numa ordem jurídica positiva ou numa comparação dos conteúdos de várias ordens jurídicas. É confinando a jurisprudência a uma análise do Direito positivo que se separa a ciência jurídica da filosofia da justiça e da sociologia do Direito e se obtém a pureza do seu método. (KELSEN, 1998, p. XXX)

Conforme sintetiza Luis Alberto Warat (1995, p. 194): "para Kelsen, a Ciência Jurídica como ciência Social normativa, teria a função de produzir um conjunto de proposições explicativas do significado jurídico atribuído à conduta humana por um sistema de normas, as jurídicas.". O autor sumariza a visão de Kelsen sobre o ciência normativa: um esquema descritivo que usa de proposições para falar acerca do fenômeno jurídico, substancialmente, do próprio direito em si.

E por que Kelsen enxerga assim as proposições jurídicas? Porque elas, diferentemente das prescrições normativas, estariam sujeitas a um juízo valorativo verdade ou falsidade.

Os comandos estabelecidos pelo direito, isto é, as normas jurídicas, as prescrições, são aspectos formais de dever-ser. Não estariam sujeitos, na teoria keleseniana, a uma análise valorativa de seus conteúdos, não podendo, portanto, ser qualificados como verdadeiros ou falsos. A norma jurídica é ou não é válida, se foi, por exemplo, elaborada ou não por um órgão competente, dentre um dos aspectos formais.

A proposição jurídica (objeto de estudo da ciência do direito), por sua vez, pode ser qualificada como verdadeira ou falsa. Como se trata de um enunciado descritivo, e não prescritivo, a proposição, objeto da epistemologia jurídica em Kelsen, pode estar ou não estar de acordo com as leis, com as decisões dos tribunais; pode ou não pode ser verdadeira.

Para ilustrar com exemplo semelhante ao trazido por Kelsen (2009) mas adaptado à realidade constitucional brasileira, se um profissional do direito escrever, num trabalho publicado em uma revista acadêmica, que a competência legislativa para instituir crimes no Brasil é do Poder Legislativo municipal, isso consistiria numa proposição jurídica. Trata-se de um juízo descritivo acerca do direito, não a norma jurídica em si. É, sem dúvida, um discurso jurídico diferente de uma norma legal posto que se trata tão-só da opinião doutrinária de um pensador do direito.

Todavia, à luz do ordenamento normativo brasileiro, tem-se que essa proposição é falsa, visto que a competência constitucional para legislar sobre direito penal é do Poder Legislativo da União[24]. Então, essa descrição normativa do direito é falsa por não estar em conformidade com o comando imperativo do direito o qual estabelece as competências legislativas por matéria.

A possibilidade de falsidade/veracidade das proposições que Kelsen estabelece como critério distintivo entre elas e as prescrições normativas segue na visão tradicional a respeito das proposições, presente desde Aristóteles a Wittgenstein, como apresentado logo acima. Tendo Kelsen uma relação próxima, mas controversa[25], com o Círculo de Viena, explica-

---

[24] Constituição da República de 1988: Art. 22. Compete privativamente à União legislar sobre: I - direito civil, comercial, penal, processual, eleitoral, agrário, marítimo, aeronáutico, espacial e do trabalho.

[25] Defendendo uma relação mais próxima entre Kelsen e o Círculo, cf. WARAT, Luis Alberto. **Introdução geral ao direito II**: a epistemologia jurídica da modernidade. Porto Alegre: Sergio Antonio Fabris Editor, 1995. Defendendo uma relação mais distante, cf. TORRES, Ana Paula Repolês. Uma análise epistemológica da teoria pura do direito de Hans Kelsen. **Revista CEJ**, v. 10, n. 33, p. 72-77, 2006.

se o recurso à visão wittgensteiniana para sua distinção entre proposição
da ciência do direito e prescrição normativa do próprio direito.

Todavia, importa notar que Kelsen fez certa concessão em sua
distinção conceitual entre proposição e prescrição. Em correspondência
com Ulrich Klug, publicada após a morte de Kelsen, os dois debateram
sobre a extensão da aplicação dos preceitos da lógica à ciência do direito.
Para Klug (1984, pp. 28-29):

> Não é necessário falar em uma aplicação indireta ou analógica
> de princípios lógicos às normas de Direito Positivo na medida
> em que aqui se tenham por normas prescrições, pois prescrições
> são proposições, a saber, proposições nas quais um legislador
> afirma algo acerca de um dever ser, mas ainda assim
> proposições.

Particularmente ligado à lógica para o direito, Klug entendia que as
normas jurídicas seriam prescrições e, por isso mesmo, proposições, mas
proposições de dever-ser. Para Klug (1984), a prescrição normativa da
legislação positiva não perdia o caráter proposicional, vez que o legislador
ou o juiz estabeleciam um estamento acerca de uma determinada coisa,
dizendo que tal coisa deveria de determinada maneira.

Sendo portanto proposições, as normas jurídicas estariam sujeitas às
regras da lógica formal quando, por exemplo, há duas normas
contraditórias entre si porque afirmam – propõe – comandos de dever-ser
distintos um em relação ao outro, como quando uma norma comanda
"Dado X, Y" e outra, de mesma abrangência e hierarquia, comanda
"Dado X, Z".

Kelsen acolhe esse pensamento de modo parcial mas não arreda,
substancialmente, de sua posição acerca da diferença entre as proposições
jurídicas e as prescrições normativas. Diz o autor (1984, p. 33) a respeito
delas:

> Umas [prescrições] são imperativos que não se manifestam com
> uma exigência de verdade; as outras, afirmações, a saber, juízos,
> que aparecem com tal pretensão. Se os imperativos são
> "proposições", então as proposições jurídicas da Ciência do
> Direito são na verdade proposições acerca de proposições; mas
> as proposições da Ciência jurídica são proposições de uma
> natureza inteiramente distinta daquela das proposições da
> autoridade jurídica. As primeiras são proposições declarativas,
> que podem ser falsas ou verdadeiras; as últimas não são de

modo algum proposições de afirmação, mas proposições imperativas, que não podem ser verdadeiras nem falsas. Elas não afirmam alguma coisa acerca de um objeto já determinado, mas antes de mais nada produzem o objeto acerca da qual algo poderá ser afirmado pela Ciência do Direito.

Percebe-se que a concessão feita por Kelsen é mais terminológica e formal do que substancial, de matéria. Para o autor de *Teoria Pura,* ainda que fosse possível chamar as normas jurídicas de proposições teriam elas uma natureza materialmente diferente das proposições sobre essas proposições, a saber, das construções acerca da ciência jurídica.

Isso porque as proposições do saber do direito permanecem operando de maneira descritiva, apresentando como o ordenamento jurídico se comporta diante de determinado fato jurídico, quais são suas consequências, a aplicação ou não aplicação de determinados institutos jurídicos a determinadas situações etc. Por outro lado, as proposições qualificadas como normas jurídicas permanecem tendo um caráter imperativo, permanecem sem a possibilidade de serem chamadas de verdadeiras ou falsas pois não descrevem a realidade mas, isso sim, comanda-na.

Enfrentados esses conceitos fundamentais da teoria kelseniana a respeito da proposição no conhecimento jurídico cumpre trazer outras ideias, de outros autores, a respeito dessa temática.

Alf Ross partilha com Kelsen alguns aspectos gerais acerca da teoria do direito, como, no caso, a distinção entre proposições descritivas e prescrições normativas. Em palavras do próprio Ross (2000, p. 32): "a regra jurídica não é nem verdadeira nem falsa, é uma diretiva.". Indo além, Ross (2000) destaca a importância de se distinguir a ciência do direito e o direito propriamente dito, chegando a propor a adoção de uma terminologia própria, em inglês, para aquela, qual seja, *"doctrinal study of law"* (ROSS, p. 33).

Ainda com Ross, esse autor destaca o caráter descritivo da ciência do direito como o estabelecimento de proposições especialmente voltadas ao direito vigente em um determinado espaço, destacando, em arremate:

> É necessário que [as proposições cognitivas sobre o direito] consistam em asserções - asserções referentes a normas, o que, por sua vez, significa asserções que enunciam que certas normas detém a natureza de "direito vigente". O caráter normativo da ciência do direito significa, portanto, que se trata de uma doutrina que diz respeito a normas e não uma doutrina

composta de normas. Não objetiva "postular" ou expressar normas mas sim estabelecer o caráter de "direito vigente" dessas normas.

Ronald Dworkin adota uma concepção muito mais ampla de proposição jurídica, digna de nota. Para ele, em *O Império do Direito*: "chamemos de 'proposições jurídicas' todas as diversas afirmações e alegações que as pessoas fazem sobre aquilo que a lei lhes permite, proíbe ou autoriza.". (DWORKIN, 1999, p. 06).

O autor avança no seu pensamento argumentando que as proposições podem ser muito gerais, quando se referem a postulados normativos genéricos; menos gerais, quando se referem a estamentos normativos de menor abrangência ou muito concretas, como a decisão judicial que põe fim a um processo. Também aponta como proposições jurídicas, das quais essas primeiras seriam dependentes, os fundamentos mesmos do direito (DWORKIN, 1999). Essa produção retornará a esse ponto posteriormente.

Em suma, o pensamento de Dworkin parece não acolher a diferença conceitual proposta por Kelsen e Ross entre proposições e prescrições normativas mas sim encarar como proposição jurídica qualquer afirmação relativa ao direito, seja ela meramente descritiva ou seja ela prescritiva, ainda que também perceba tratarem-se de coisas distintas.

Opta-se nessa produção por acolher um visão de proposição jurídica abrangente, indo além da proposta kelseniana, com concessões à proposta de Dworkin e acrescentando algo a mais a esse respeito.

É forçoso reconhecer que a epistemologia jurídica trabalha com esquemas prescritivos, isto é, normativos, como estabelece Hans Kelsen. Qualquer discussão filosófica séria passa necessariamente por algum aspecto deontológico, alguma forma de reconhecimento de obrigação, de comando. Diante disso, assiste razão a Kelsen quando diz que a ciência do direito é descritiva porque se volta à análise das normas jurídicas.

Todavia, é restringir demais o campo de investigação da epistemologia jurídica, da ciência jurídica como um todo afirmar que elas só cuidariam de fazer elucubrações descritivas acerca daquilo que as prescrições normativas preveem. Essa visão restritiva reflete a concepção do campo de investigação do direito apenas como a norma jurídica, entendida como o esquema lógico formal do lícito e ilícito.

Se se aceitar a proposta trazida no capítulo anterior, de que o campo de investigação do direito é a norma jurídica numa acepção ampla, isto é, os comandos de dever-ser conjugados a outros fatores relativos a sua determinação, sua aplicação, sua subjacência e outras variáveis é forçoso aceitar a ampliação da ideia da proposição jurídica como conceito fundamental da epistemologia jurídica.

Parece ser essa a inclinação de juristas como Robert Alexy, que situa, logo de saída, o direito como uma hipótese ou caso especial do discurso prático geral. Segundo Alexy (2008, p. 39):

> Na argumentação jurídica, trata-se, como na argumentação prática geral, em último lugar, sempre disto, o que é ordenado, proibido e permitido, portanto, de questões práticas. Tanto no discurso prático geral como no jurídico é promovida uma pretensão de correção. A particularidade consiste nisto, que a pretensão de correção no discurso jurídico, de outra forma como no discurso prático geral, não se refere a isto, o que absolutamente é correto, mas a isto, o que, no quadro de determinado sistema jurídico, é correto.

Em outra obra, Alexy trata do discurso jurídico como possuindo três formas de contemplação, a saber: empírico, analítico ou normativo. A respeito do primeiro tipo, o empírico é tido por Alexy (2011, p. 26):

> Ele é empírico, quando descreve ou busca explicar a frequência relativa de dado tipo de argumentos, a correlação entre determinados grupos de oradores, situações de discurso e o uso de determinados argumentos ou sua aplicação; a força dos argumentos, a motivação para usar determinados argumentos ou as concepções predominantes em determinados grupos sobre a validade dos argumentos.

Essa forma de perceber o discurso jurídico poderia se relacionar aos espaços doutrinários onde as construções jurídicas são formadas; escolas de pensamento, correntes doutrinárias; aquilo que estaria ligado à produção de saber argumentativo do direito. Para Alexy (2011), a visão analítica do discurso jurídico, por sua vez, dá ênfase aos aspectos lógicos nos argumentos jurídicos e, por fim, é normativa "quando propõe e justifica os critérios para a racionalização do discurso jurídico". (ALEXY, 2011, p. 26)

O autor parece se inclinar para uma visão ampla daquilo a que se poderia chamar de proposição jurídica, indo além, portanto, da ideia de proposição como descrição do aspecto normativo do direito.

Diante das diversas inclinações para tratar as proposições jurídicas trazidas até aqui, parece adequado considerar como proposições jurídicas qualquer tipo de afirmação a respeito do campo de investigação do direito, seja ela uma proposição normativa (conhecidas tradicionalmente como prescrições) ou seja ela mera proposição declarativa, ampliando o conceito de proposição jurídica para abarcar, portanto, asserções jurídicas em geral pertinentes, de alguma forma, ao discurso jurídico.

3.2 JUSTIFICAÇÃO FUNDACIONALISTA DAS PROPOSIÇÕES JURÍDICAS E A NORMA FUNDAMENTAL KELSENIANA

Sendo o conceito de "proposição" ideia nuclear para o entendimento da justificação em epistemologia, e tendo este livro como objetivo central demonstrar se e como as ideias da epistemologia filosófica se aplicam ao direito, foi necessário revelar a inclinação deste autor no que diz respeito à proposição jurídica, entendida como uma afirmação geral a respeito do fenômeno jurídico, seja ela de ordem prescritiva ou de ordem descritiva.

Como estabelecido na primeira seção deste trabalho, o argumento fundacionalista visa a estabelecer um ponto de parada no problema epistêmico do regresso ao infinito, recorrendo ao estabelecimento de crenças fundamentais que justificariam o saber não-inferencial. Importa lembrar que o saber não-inferencial é aquele que não pode ser deduzido de outro saber anteriormente dado; trata-se de um saber pressuposto, auto-justificável.

O fundacionalismo como teoria de justificação epistêmica encontra lugar, dentre outros motivos, se se adotar uma postura de ceticismo radical diante das proposições, sejam elas lógicas ou jurídicas. Um exemplo pode ilustrar.

Um sujeito (*S*) se depara com uma afirmação jurídica, uma proposição, portanto, (*P*), feita por um interlocutor (*I*) num debate: "as dívidas em dinheiro devem ser pagas em moeda corrente", e indaga por que razão tal pagamento deve-se dar assim. Uma primeira resposta é dada com o recurso à legislação positiva, que estabelece proposição normativa considerada suficiente para justificar a afirmação feita. Afinal, o Código Civil do Brasil (Lei Federal 10.406 de 10 de janeiro de 2002) estabelece:

> Art. 315. As dívidas em dinheiro deverão ser pagas no vencimento, em moeda corrente e pelo valor nominal, salvo o disposto nos artigos subsequentes.

Poder-se-ia dizer que a justificativa da proposição "as dívidas em dinheiro devem ser pagas em moeda corrente" repousa num dispositivo normativo da legislação positiva brasileira – diga-se, *(L)* – e com isso estaria justificada, de modo inferencial, essa asserção jurídico-normativa. Portanto, para usar a linguagem epistêmica apresentada no capítulo primeiro, *(S)* deveria estar justificado que *(P)* em virtude de *(L)*.

O problema do regresso epistêmico surgirá, todavia, se o autor da indagação persistir no seu desiderato investigativo e perguntar por que razão essa justificação existiria. Por que é lícito deduzir a justificação de *(P)* em virtude de *(L)*? Por que *(S)* estaria justificado a acreditar em *(L)*? O que leva essa justificação a ser aceita como válida?

Seguir no caminho dessas indagações é seguir o caminho do regresso epistêmico. O sujeito poderia continuar inquirindo seu interlocutor em busca de respostas fundantes indefinidamente, encontrando-as em outros campos de conhecimento como na sociologia, na antropologia, na política.

Entretanto, do ponto de vista do argumento jurídico e epistêmico, a resposta que o interlocutor *(I)* poderia apresentar seria a seguinte: a justificação da afirmação repousa na previsão normativa clara para esse caso ou, de maneira mais simples, está previsto em Lei que as dívidas em dinheiro devem ser pagas em moeda corrente e, portanto, isso é uma razão suficiente para justificar essa afirmação.

Um argumento desse jaez denota postura fundacionalista de justificação da proposição jurídica; representa o fundacionalismo epistêmico.

A proposição normativa de que "as dívidas em dinheiro devem ser pagas em moeda corrente" repousa sua justificativa no conceito fundante de que, estando na Lei, tal prescrição imperativa deve ser seguida. Parece ser uma limitação à discussão lógica a respeito da obediência à norma jurídica (se ela deve ou não deve ser obedecida). Dizer que a norma insculpida no art. 315 do Código Civil deve ser obedecida porque deve ser obedecida é uma justificação baseada na pressuposição de que a legislação positiva tem de ser seguida.

Essa postura de justificação se identifica perfeitamente com a justificação do conhecimento fundacionalista. Trata-se de um argumento pressuposto, de natureza *a priori;* funciona como critério de justificação de um saber não-inferencial; é aplicável às proposições que lhe seguem a partir de uma visão hierarquizada de processo deducional.

A justificação fundacionalista se apresenta no direito de maneira implícita. Esgueira-se no pensamento de todos juristas, estudantes, filósofos. De uma forma ou de outra, os problemas jurídicos são pensados e trabalhados, todos, partindo do pressuposto que, cedo ou tarde, encontrar-se-á uma resposta fundante a todos os conceitos discutidos do qual se deduzirão consequências jurídicas a esse respeito.

A rigor, vê-se nesse tipo de argumento fundacionalista a justificação lógico-epistêmica da estrutura do pensamento jurídico como um todo, senão mesmo do próprio direito.

Dworkin (1999) assenta esse problema em discussões sobre as divergências, teóricas e empíricas, a respeito das proposições jurídicas, que seriam dúvidas sobre o fundamento do direito em si (divergências teóricas) ou sobre a existência ou validade de normas jurídicas a sustentar determinada proposição jurídica (divergências empíricas).

Mas certamente um dos argumentos fundacionalistas mais importantes para o pensamento jurídico positivo é o de norma fundamental, trabalhada por Hans Kelsen especialmente em *Teoria Pura do Direito.*

De saída, é forçoso dizer que não há aqui espaço para desenvolver com profundidade a ideia kelseniana de norma fundamental, na medida em que o tema será abordado apenas com o objetivo de dar relevo a seu caráter de argumento fundacional, para caminhar nos objetivos dessa produção.

A primeira observação que se pode fazer a respeito do caráter fundacionalista da construção teórica da norma fundamental kelseniana é uma observação contextual. Kelsen é herdeiro da tradição kantiana e constrói sua Teoria Pura como um neokantiano (AFONSO, 1984). A teoria epistemológica de Immanuel Kant, como consignado na primeira parte deste trabalho, é uma teoria eminentemente fundacionalista posto que estabelece os dados da razão como conceitos fundamentais não-inferenciais a basear os processos de conhecimento.

O problema filosófico que se usa para compreender o argumento da norma fundamental é precisamente o problema do regresso epistêmico, exemplo de aproximação dos conceitos da epistemologia geral ou filosófica às ideias da filosofia jurídica. Ilustra-se a seguir, com exemplo diferente dos dados por Kelsen (2009) e Alexy (2009).

Suponha-se uma multa exarada por um agente de fiscalização municipal. Poder-se-ia questionar por que a multa deve ser paga, ao que viria como resposta o fato de ter sido a multa exarada por uma autoridade competente. Daí, pergunta-se quem ou o que delegou essa competência ao agente, encontrando-se como resposta que a Lei Orgânica Municipal institui essa competência fiscalizatória. Dessa afirmação se indaga o que delegou tal competência à Lei Orgânica do município, repousando essa delegação em norma da Constituição da República.

Continuando por esse caminho seria inevitável chegar a um ponto em que a justificativa de obediência à Constituição não repousaria numa norma mas sim num fato. A justificativa do dever-ser viria de um dado do ser, e não em outra proposição de dever-ser. Trata-se desse problema sobre o nome de Lei de Hume, ou da impossibilidade de formulação do dever-ser a partir do ser[26].

Como expõe Kelsen (2009, p. 215):

> Do fato de algo *ser* não pode seguir-se que algo *deve ser*; assim como do fato de algo *dever* ser se não pode seguir que algo é. O fundamento de validade de uma norma apenas pode ser a validade de uma outra norma. Uma norma que representa o fundamento de validade de uma outra norma é figurativamente designada como norma superior, por confronto com uma norma que é, em relação a ela, a norma inferior.

Diante disso, surge a necessidade de basear a obediência da norma constitucional como norma jurídico-positiva fundamental do ordenamento jurídico, isto porque o comando "deve-se obedecer à constituição" só pode advir de outro comando, não de um fato; extrai-se o dever-ser (*Sollen*) de outro comando de dever-ser.

Alexy (2009) ilustra a noção por detrás da norma fundamental a partir de uma perspectiva de demonstração lógica: para que se possa saltar das questões do ser, isto é, a Constituição existe, ela é eficaz socialmente

---

[26] Sobre a Lei de Hume ou a Guilhotina de Hume, cf.: SAUTTER, Frank Thomas. Um breve estudo histórico-analítico da Lei de Hume. **Trans/Form/Ação**, v. 29, n. 2, 2006.

(veja-se, todas questões de ser) para uma proposição de dever como o dever de obedecer à Constituição, é necessário um argumento de que se deve obedecer juridicamente a uma Constituição existente e socialmente eficaz. Esse argumento que permite a passagem de um aspecto fático e empírico para um aspecto jurídico e teórico é a norma fundamental.

Kelsen estabelece a necessidade de determinação de uma norma que fundamente a ordem jurídica normativa e justifique a obediência ao direito com base em uma pressuposição, em um conceito abstrato advindo da razão, meramente. Trata-se de um argumento fundacionalista. Trata-se da consideração, no seu eixo de pensamento teórico, de que precisa-se partir de um fundamento - assumido como verdadeiro - para se sustentar a obediência ao direito.

Dessa proposição fundamental, que tem a característica de ser pressuposta, deduzem-se todas as outras proposições jurídicas. Voltando para os exemplos acima e relacionando-os com o ponto aqui discutido, responde-se: as dívidas em dinheiro devem ser pagas em moeda corrente porque a norma que assim comanda foi elaborada pelo ente constitucionalmente competente para disciplinar sobre direito civil; deve ser paga a multa exarada pelo fiscal municipal porque sua competência administrativa foi retirada de norma elaborada dentro das atribuições municipais previstas na Constituição.

O caráter epistemológico e teórico da norma fundamental é assumido textualmente pelo próprio Hans Kelsen quando o autor declara que, diante da indagação sobre o fundamento de validade último das normas jurídicas:

> A resposta epistemológica (teorético-gnoseológica) da Teoria Pura do Direito é: sob a condição de pressupormos a norma fundamental: devemos conduzir-nos como a Constituição prescreve, quer dizer, de harmonia com o sentido subjetivo do ato de vontade constituinte, de harmonia com as prescrições do autor da Constituição. A função desta norma fundamental é: fundamentar a validade objetiva de uma ordem jurídica positiva, isto é, das normas, postas através de atos de vontade humanos, de uma ordem coerciva globalmente eficaz, quer dizer: interpretar o sentido subjetivo destes atos como seu sentido objetivo. (KELSEN, 2009, pp. 225-226).

Portanto, contrapondo as teorias epistêmicas de justificação do saber em geral à epistemologia do direito, é possível perceber como as propostas epistemológicas da teoria do direito desenvolvidas por Hans Kelsen gozam de caráter fundacionalista.

Nesse ponto é possível perceber uma coincidência, no mínimo, curiosa.

Em sua essência, os argumentos jusnaturalistas, sejam aqueles do jusnaturalismo da antiguidade clássica, sejam os do jusnaturalismo moderno, são argumentos fundacionalistas, como também é o é toda a construção teórica sobre a norma fundamental. Todos são exemplos de raciocínios fundacionalistas de justificação do conhecimento não-inferencial.

Essa - de certo modo, irônica - observação aproxima o jusnaturalismo do juspositivismo no que diz respeito ao fundamento de suas proposições jurídicas, posto que, para ambas as correntes de pensamento jurídico, haveria um algo pressuposto, uma verdade não-inferencial a sustentar o edifício normativo.

Revisita-se, nesse ponto, conhecido debate que envolve o *status* da norma fundamental como construção de pensamento semelhante ao direito natural, tendo se operado, na verdade, mera mudança de eixo do fundamento de validade do direito, substituindo a razão, a natureza ou a vontade de Deus como fundamentos do direito pela pressuposição da norma fundante.

Para Alexy (2009), essa é uma questão complexa, sem resposta direta por Kelsen mas, ainda com Alexy, seria possível solver essa querela a partir de quatro características da norma fundamental que a afastariam da esfera teórica do jusnaturalismo.

Primeiro, segundo Alexy (2009), Kelsen apresenta a norma fundamental como pressuposto necessário, isto é, uma condição lógico-transcendental que, dentro da filosofia kantiana, da qual Kelsen é herdeiro, significa uma condição para tornar possível alguma construção de conhecimento advinda da experiência. Isso se relaciona à segunda das características da norma fundamental, a que diz que, apesar de ser ela um pressuposto necessário, ela é também um pressuposto possível.

Essa característica encarta a ideia de que é possível explicar o direito a partir de outros feixes conceituais como a política ou a sociologia. Contudo, ao se aceitar as regras do jogo do direito está-se aceitando, de um modo ou de outro, a pressuposição de sua obediência, ou seja, o argumento do dever pelo dever (ALEXY, 2009).

A terceira característica do *status* da norma fundamental apontada por Alexy representa dificuldade para determinar claramente a separação dos argumentos de sustentação da norma fundamental dos argumentos jusnaturalistas ou meramente racionalistas de fundamentação do direito. Cuida-se da ideia de ser a norma fundamental uma norma pensada, construção teórica que Kelsen também deixou de certa sem solução para suas contradições.

A ideia de ser a norma fundamental uma norma pensada consiste em percebê-la como norma que não é fruto do desejo, do querer, da vontade de algum agente ou condição metafísica, mas sim um dado do pensamento, apenas. Segundo Alexy (2009), essa característica foi reelaborada por Kelsen, que veio mesmo a propor abandoná-la e ceder ao reconhecimento de uma espécie de autoridade imaginária cujo ato de vontade viria a ser a norma fundamental.

O problema nesse raciocínio é que imaginar uma autoridade de cujo ato de vontade viesse a surgir a norma fundamental pressuporia uma outra norma a sustentar tal autoridade, o que redundaria no regresso ao infinito epistêmico, que, como destacou-se, é precisamente o que um argumento fundacionalista quer evitar ao estabelecer crenças fundantes.

A solução para esse problema em particular repousa na mesma proposta de Alexy para salvar o argumento da norma pensada das contradições expostas acima. Alexy diz (2009, p. 133):

> Só será possível encontrar uma solução se renunciarmos à ideia de que todo dever tem de ser atribuível a um querer. Há boas razões para tanto. Na maioria das vezes, um dever está conectado a um querer, mas também existe dever sem querer. [...] A recognição de um dever não está necessariamente vinculada a um ato de vontade próprio nem a um ato de vontade alheio. Se isso estiver correto, a ideia de que a norma fundamental é uma norma meramente pensada não apresenta dificuldades.

Aceitando o fato de existirem deveres que não são ligados essencialmente a um ato de querer, resgatando o conceito de Kant (2013, p. 29) de ser o dever "aquela ação a que cada um está obrigado", ainda que o caso aqui sejam deveres jurídicos, poder-se-ia aceitar a existência de deveres sem necessário conteúdo de vontade. Diante disso, ao passo que, por esse argumento, a norma fundamental se afastaria do espaço teórico jusnaturalista, confirma-se, no entanto, seu caráter fundacional.

A quarta característica que Alexy (2009) menciona para confirmar a natureza não-jusnaturalista, por assim dizer, da norma fundamental é a que coaduna, parcialmente, com o ponto que se está a defender nesta segunda seção. Trata-se da insuscetibilidade de fundamentação da norma fundamental.

Para Kelsen, a norma fundamental encontra sustentação *per se.* Conforme lê-se em Alexy (2009, p. 135): "A norma fundamental, como tal, é a norma máxima. Se tivesse de ser fundamentada, seria preciso que uma norma ainda superior fosse pressuposta.". Nesse ponto reside a essência do argumento aqui exposto e da proposta aqui trazida: a norma fundamental pode ser encarada como um argumento fundacionalista para a validade do direito, evitando assim o regresso epistêmico jurídico ao fincar as bases de um conhecimento jurídico não-inferencial.

No entanto, é preciso trazer aqui uma séria ressalva a respeito da insuscetibilidade de fundamentação da norma fundamental, notadamente porque isso poderia significar refutação à proposta trazida.

Alexy (2009) alerta que só se pode aceitar a dispensa de fundamentação da norma fundamental se tal norma for tratada como a norma fundamental do direito, isto é, nenhuma outra norma do direito a fundamenta. No entanto, diz Alexy (2009, p. 136): "isso não exclui que ela seja fundamentada por normas ou aspectos normativos de outro tipo, por exemplo por normas morais ou ponderações acerca da adequação.".

Reconhece-se então que a norma fundamental pode se basear em outras normatividades. Ordens morais de justiça ou de necessidade de paz social podem servir como alicerces da norma fundamental (ALEXY, 2009), mas isso não desnatura seu caráter de argumento fundacionalista para as proposições jurídicas.

A uma porque o conceito de argumento fundacional não significa dizer que, para que uma construção seja reconhecida como tal, haja apenas um único argumento a ser considerado como válido para impedir o regresso epistêmico e fundamentar o conhecimento não-inferencial. Em verdade, a conjugação de duas ou mais crenças fundamentais permite sustentação maior à crença não-inferencial. Afinal, trata-se o argumento de fundacionalista, não monista ou unitário.

Por essa razão, o reconhecimento da possibilidade de fundamentação para além do direito da norma fundamental não perde sua característica de ser fundacional para as proposições do direito, pois não é da definição de conhecimento fundacional o reconhecimento de apenas uma construção dada a fundamentar o saber.

Concebendo a proposta da norma fundamental como exposta logicamente por Alexy (2009) ou mesmo no texto originário de Kelsen (2009), é possível constatar que a norma fundamental parte da conjugação de outros fatores igualmente fundacionais para sua apreensão. Alexy (2009, pp. 116-117) assim a trata, silogisticamente:

> (1) Quando uma Constituição é efetivamente estabelecida e socialmente eficaz, ordena-se juridicamente um comportamento em conformidade com essa Constituição. (2) A Constituição C é efetivamente estabelecida e socialmente eficaz. (3) Ordena-se juridicamente um comportamento em conformidade com a Constituição C.

O que se percebe é que a norma fundamental parte de pressupostos conceituais também fundacionalistas para se construir como um argumento (igualmente fundacional) válido para o direito positivo. Isso corrobora a ideia de que a norma fundamental permanece sendo uma construção de pensamento fundacionalista, se realizado esse paralelo entre os conceitos de justificação da epistemologia geral e às noções da epistemologia jurídica.

3.3 JUSTIFICAÇÃO COERENTISTA DAS PROPOSIÇÕES JURÍDICAS E A INTERDISCIPLINARIDADE DO DIREITO

Diferentemente do fundacionalismo, que propõe a justificação do conhecimento por meio de uma visão hierarquizada de verdades e saberes, notadamente quando se está diante do regresso epistêmico e do conhecimento não-inferencial, a postura coerentista, como assinalado no primeiro capítulo dessa produção, vai em outro caminho.

A abordagem epistemológica do coerentismo estabelece que a justificação do conhecimento se dá pela interação entre amplos aspectos da realidade, a partir de uma teia de construções conceituais dispostas de maneira horizontalizada, sem uma hierarquia de visões. O coerentismo postula não existir um conhecimento não-inferencial (ROCHE, 2010).

Tal raciocínio epistêmico pode soar difícil de se conciliar à metodologia do pensamento jurídico contemporâneo, fortemente calcada em argumentos fundacionalistas como a norma fundamental kelseniana.

Todavia, como se buscará demonstrar, é possível perceber uma forma coerencial de justificação das proposições jurídicas quando se passa a adotar uma postura interdisciplinar do direito. Para que se chegue à ideia de interdisciplinaridade, na acepção que se quer adotar aqui, é preciso apresentar as noções de disciplina e em seguida de disciplinaridade.

Remotamente, já se pode encontrar referência ao vocábulo "disciplina" no pensamento medieval, e com um conteúdo semântico parecido com o que se nota nos dias de hoje. Em *Etimologia,* de Isidoro de Sevilha, a palavra "disciplina" aparece diretamente relacionada às noções de ciência, virtude e saber. Tem-se:

> O termo disciplina recebeu seu nome de aprender (*discere*). Por isso também pode ser chamado ciência: saber (*scire*) deriva de aprender (*discere*), já que ninguém sabe (*scit*), mas aprende (*discit*). Diz-se disciplina porque se aprende totalmente (*discitur plena*). Também se chama arte, porque se baseia em normas e regras da arte. Há quem defenda que este vocábulo deriva do grego *areté*, isto é, o que em latim chamamos *virtus*, e que denominaram ciência. (SAN ISIDORO DE SEVILLA, p.276-277 *apud* DA COSTA, 2009, p. 133).

Edgar Morin, filósofo, educador e epistemólogo francês, oferece outra visão etimológica da palavra "disciplina": "sabemos que, originalmente, a palavra 'disciplina' designava um pequeno chicote utilizado no autoflagelamento e permitia, portanto, a autocrítica[...]." (MORIN, 2003, p. 106).

De uma forma ou de outra, parece que o termo em questão denota um processo de aprendizagem plena acerca de um determinado objeto. Como é natural, a etimologia da palavra muito tem a revelar a seu respeito, mesmo nos dias de hoje, especialmente se for conjugada aos aspectos do presente.

Numa visão contemporânea acerca do conhecimento disciplinar, explana Morin (2003, p. 105):

> A DISCIPLINA é uma categoria organizadora dentro do conhecimento científico; ela institui a divisão e a especialização do trabalho e responde à diversidade das áreas que as ciências abrangem. Embora inserida em um conjunto mais amplo, uma disciplina tende naturalmente à autonomia pela delimitação das fronteiras, da linguagem em que ela se constitui, das técnicas que é levada a elaborar e a utilizar e, eventualmente, pelas teorias que lhe são próprias. (destaque do autor)

A proposta de ciência do paradigma positivo, como exposta no capítulo anterior, construía-se na ideia da fragmentação e especialização para permitir o domínio do conhecimento. Nesse contexto, a criação de segmentos nas ciências, humanas e naturais, e mesmo essa divisão em grandes disciplinas, pareciam satisfazer a essa necessidade, com a pretensão de que os que se dedicavam a precisas e determinadas seções do conhecimento poderiam apreendê-lo plenamente – *discitur plena.*

Foi no contexto de afirmação das ciências naturais que a ciência do direito se desenvolveu, no arco histórico que vai da segunda metade do século XVIII ao início do século XX. Como não poderia deixar de ser, o saber jurídico sofreu a influência do paradigma de disciplinarização e, além da adoção da depuração kelseniana a apartar as construções jurídicas das outras disciplinas do saber humano, o direito dentro de si e por si mesmo dividiu-se estaticamente em diversas disciplinas, diversos ramos de conhecimento jurídico.

Morin (2003) reconhece que a divisão dos saberes em disciplinas traz benefícios para a apreensão do conhecimento. Já se mencionou a esse respeito quando foi dito que o paradigma científico emergente surgiu das conquistas e também das contradições alcançadas e percebidas pelo saber construído a partir do racionalismo e do avanço das ciências naturais (SANTOS, 2002). Sem dúvida os ganhos epistêmicos e os avanços da ciência para a sociedade fragmentada são existentes.

No entanto, ainda com Morin (2003), paga-se um preço pelo saber fragmentado. Destaca-se do autor:

> A instituição disciplinar acarreta, ao mesmo tempo, um perigo de hiperespecialização do pesquisador e um risco de "coisificação" do objeto estudado, do qual se corre o risco de esquecer que é destacado ou construído. O objeto da disciplina será percebido, então, como uma coisa auto-suficiente; as ligações e solidariedades desse objeto com outros objetos estudados por outras disciplinas serão negligenciadas, assim como as ligações e solidariedades com o universo do qual ele faz parte.

Da mesma forma que devem ser reconhecidos os ganhos do conhecimento trabalhado de maneira segmentada, suas limitações também precisam ser percebidas. A divisão de uma área do saber em disciplinas pode dificultar o diálogo e a formação de uma unidade teórica nesse saber capaz de estruturá-lo coerentemente, dentro de si, por meio de conexões. A hiperespecialização, da qual se refere o autor, é apenas um dos problemas do conhecimento ensimesmado.

Morin (2000) também alerta para os erros do conhecimento humano, a formação de paradigmas inviáveis de sustentação, a impossibilidade dialógica entre as pequenas caixas que compõem o saber fragmentado em disciplinas como algumas das perdas epistêmicas que tal postura pode acarretar. Por essa razão, a abertura do conhecimento disciplinar é preciso.

A postura de diálogo entre as diversas disciplinas e campos do conhecimento recebe o nome de interdisciplinaridade[27].

Mas o que propõe afinal a interdisciplinaridade? Quais seus fundamentos? Como ela pode se relacionar com uma justificação epistêmica coerentista do conhecimento, notadamente do conhecimento jurídico?

Essas indagações podem ser respondidas a partir do viés teórico tecido por Edgar Morin. De saída, finque-se a seguinte proposta: "o conhecimento das informações ou dos dados isolados é insuficiente. É preciso situar as informações e os dados em seu contexto para que adquiram sentido. Para ter sentido, a palavra necessita do texto, que é o próprio contexto, e o texto necessita do contexto no qual se enuncia." (MORIN, 2000, p. 36).

Assim sendo, vê-se em Morin (2000) as quatro bases em que se assenta a educação do futuro, o conhecimento do futuro: o contexto, o caráter global, a percepção multidimensional e "o complexo".

A ideia contextual demanda a compreensão contextual dos dados de conhecimento, das proposições. Há-que se perceber os significados contextuais das proposições para a sua construção como conhecimento (MORIN, 2000). Uma ideia tal por si só já demonstra como a justificação coerencial se encaixa com a postura de conhecimento interdisciplinar: o contexto importa para a determinação do conhecimento.

Para além disso, vem o aspecto global. Como lembra Morin (2000, p. 37): "o global é mais que o contexto, é o conjunto das diversas partes

---

[27] É interessante notar que a ideia da interdisciplinaridade chegou à filosofia como uma proposta da filosofia do sujeito. Segundo Raida Alves, Maria Brasileiro e Suede Brito (2004, p. 140), a noção de interdisciplinaridade "decorre de uma perspectiva vinculada à filosofia idealista, a qual evidencia a autonomia das ideias ou do sujeito pensante sobre os objetos". Parece ser possível conceber o rompimento das barreiras lógicas das noções de sujeito e objeto como uma demonstração de pensamento interdisciplinar.

ligadas a ele de modo inter-retroativo ou organizacional. Dessa maneira, uma sociedade é mais que um contexto: é o todo organizador de que fazemos parte.". A perspectiva legal se relaciona, por exemplo, com a percepção de rede de pesquisadores, rede de crenças a sustentar a postura coerentista do conhecimento.

A multidimensionalidade é outra exigência metodológica para a compreensão interdisciplinar de dado do conhecimento. O ser humano é um ser em si multidimensional, com diversas manifestações enquanto ente – biológicas, políticas, econômicas, sociológicas, jurídicas (MORIN, 2000). É impossível edificar um saber aprofundado sem ter em conta tal perspectiva, da mesma forma que não coaduna com um pensamento multidimensional uma hierarquia de verdades primeiras como proposta pelo fundacionalismo.

Por derradeiro, a complexidade exsurge como máxima da interdisciplinaridade, da compreensão total do saber. Segundo Morin (2000, p. 38):

> *Complexus* significa o que foi tecido junto; de fato, há complexidade quando elementos diferentes são inseparáveis constitutivos do todo (como o econômico, o político, o sociológico, o psicológico, o afetivo, o mitológico), e há um tecido interdependente, interativo e inter-retroativo entre o objeto de conhecimento e seu contexto, as partes e o todo, o todo e as partes, as partes entre si.

O reconhecimento de um tecido interdependente de conceitos é um dos fundamentos da proposta coerentista de justificação do conhecimento. Por essa razão, conjugada a outras mais, é possível defender que a postura interdisciplinar, eminentemente complexa, multidimensional, global e contextual aponta para construção de uma rede de construção do saber e, portanto, de justificação do conhecimento de viés coerentista.

Dito isso, afinal, surge a possibilidade de reconhecimento da postura coerencial do conhecimento na construção de um saber jurídico interdisciplinar, isto é, global, multidimensional, contextual e complexo.

A complexidade no direito é uma realidade presente na teoria jurídica contemporânea. Segundo Arcelo (2017, p. 12):

> Contemporaneamente, as condições de possibilidade do saber jurídico se caracterizam pela complexidade. Quer dizer que a filosofia do direito e a ciência do direito devem se conceber –

> por meio da atitude dos filósofos e cientistas do direito, bem como das próprias instituições que aplicam o direito em sociedade – como práticas discursivas que refletem escolhas, tomadas de posição, posturas éticas.

O autor aponta para a complexidade do direito como um fato. Com efeito, essa construção da ciência jurídica como campo de conhecimento complexo é um paradigma para o pensamento do direito hodierno, justamente por conta das exigências, cada vez mais prementes, de encarar o fenômeno jurídico de forma interdisciplinar.

A interdisciplinaridade do pensamento jurídico pode ser vista do ponto de vista interno e externo.

Internamente, a que o direito precisa vencer para caminhar para um pensamento complexo e, portanto, coerencial é a sua divisão em disciplinas jurídicas. Não se quer com isso propor uma extinção das áreas de atuação e pensamento do direito; não é pretensão desse trabalho ser iconoclasta a esse ponto.

Todavia, é preciso admitir que a divisão estanque das disciplinas jurídicas enquanto partes autônomas dotadas de conhecimento próprio dirigido a determinados institutos jurídicos vai de encontro ao pensamento epistêmico das ciências do paradigma emergente, no qual se concebe, cada vez mais, os saberes como construídos de forma coordenada e sem rompimentos epistemológicos como a cisão em disciplinas.

A divisão do direito em áreas de atuação da cognição jurídica pode representar algum ganho prático (como representou a divisão do saber científico em ciências e estas em suas respectivas disciplinas) mas também vêm com isso as implicações negativas já mencionadas, acima e no capítulo anterior.

Por isso mesmo a postura coerencial de justificação do conhecimento pode contribuir com a construção da ciência do direito, se se permite realizar a aproximação conceitual aqui tentada[28]. Defender a postura coerencial é defender uma visão não-hierarquizada do saber, onde todas as construções são justificadas pelos círculos, próximos e remotos, de conceitos partilhados comumente entre esses saberes.

---

[28] É de notar que o presente trabalho é precisamente uma demonstração de esforço interdisciplinar, visto que busca correlacionar conceitos fundamentais da teoria do conhecimento às construções da ciência jurídica e de sua epistemologia.

A proposta interdisciplinar conjugada com a teoria coerencial prega, por exemplo, a compreensão dos institutos do direito civil à luz dos do direito privado. Como perceber a relação entre pedido de indenização moral pela prática de ilícito penal se não a partir do rompimento de barreiras de disciplinas, nas quais essas esferas não se conectariam, ao menos, teoricamente? Como perceber as delicadas relações entre o mercado de consumo e a legislação tributária? Como justificar proposições jurídicas a respeito da matéria ambiental sem recurso às noções de direito administrativo mais comezinhas?

A abordagem interdisciplinar interna do fenômeno jurídico é chega a operar por força da própria legislação positiva. Muitos são os dispositivos que comandam, a exemplo da legislação brasileira, interpretações sistemáticas do ordenamento jurídico como um todo (art. 8º do Novo Código de Processo Civil); a relação entre as instâncias civil e penal (art. 935 do Código Civil); a função complementar das normas de direito privado na aplicação da lei tributária (arts. 108 e 109 do Código Tributário Nacional).

Imagine-se, só para permanecer nos exemplos da legislação positiva, uma sentença que resolve questões administrativas, civis, tributárias e ainda processuais de uma única relação jurídica processual em forma de uma proposição normativa (dispositivo) de seu texto. A quantos argumentos de diversas disciplinas jurídicas o magistrado terá que recorrer para justificar a proposição da norma jurídica concreta, além, é claro, do respeito à Constituição e todas as normas dela advindas. Trata-se de verdadeira aplicação da teoria coerencial à justificação do conhecimento jurídico.

Mas a proposta interdisciplinar interna vai muito mais além disso. Pressupõe uma mudança de compreensão, de visão de mundo. Pressupõe o reconhecimento da complexidade do conhecimento jurídico e a necessidade de conjugação de diversos fatores para sustentar uma proposição jurídica, seja ela mera asserção a respeito de certa norma jurídica, seja ela a própria proposição normativa.

De outro giro, tem-se a proposta coerencial aplicada a uma interdisciplinaridade jurídica do ponto de vista externo. Entende-se esse conceito como a necessidade de justificação do conhecimento proposicional do direito a partir de elementos de outros campos da investigação, como a psicologia, a sociologia, a antropologia. Essa é a forma de interdisciplinaridade mais ampla, onde o direito recebe dos conceitos de outras áreas de conhecimento a justificação de suas proposições.

É nesse ponto que residem os saberes que compõem o quadro das disciplinas que, de uma forma ou de outra, auxiliam o direito no seu desiderato enquanto estudo da normatividade imposta de maneira autoritária pelo Estado. Aqui estão as contribuições valiosas que a antropologia, a sociologia, a economia, a psicologia, a medicina e tantas outras ciências fornecem ao cabedal teórico do direito a fim de ampliar suas não raras estreitas visões de mundo.

Dessa forma, o cometimento do ilícito de homicídio (art. 121 do Código Penal) pode implicar conhecimentos de perícia e medicina forense; do próprio direito penal e processo penal, por óbvio; da psicologia, se se tratar de pessoa penalmente inimputável; da sociologia, em busca das razões sociais do crime; da assistência social, às vistas a reparar os danos deixados pelo crime no tecido social, notadamente às vítimas de tal ato; e por aí vai, sem possibilidade de se exaurir.

Todas essas informações e manifestações de conhecimento importarão para a justificação de dada proposição jurídica, a partir da conjugação interdisciplinar complexa desses elementos. É, assim, perceptível a relação entre as propostas de justificação do conhecimento por meio do raciocínio do coerentismo ao tema da interdisciplinaridade do direito.

3.4 JUSTIFICAÇÃO DO CONHECIMENTO JURÍDICO E PRAGMATISMO NO DIREITO

O esforço do presente trabalho é o de relacionar aspectos da teoria de justificação do conhecimento com construções teóricas do pensamento jurídico contemporâneo. Foram trazidas relações entre a ideia de proposição para a teoria do conhecimento e de proposição para o direito; do aspecto fundacionalista de justificação do conhecimento não-inferencial à ideia da norma fundamental, e; a noção de interdisciplinaridade jurídica como manifestação do coerentismo na justificação das proposições jurídicas.

Cumpre agora, para fechar a proposta de raciocínio cíclico de apresentação de ideias, trazer a respeito da aplicação das construções pragmatistas a respeito ao conhecimento e seus desdobramentos para a epistemologia jurídica.

Como foi dito no capítulo primeiro, o pragmatismo é, ao mesmo tempo, uma teoria de justificação do conhecimento e uma proposta de enxergá-lo na vida cotidiana. Trata-se de corrente filosófica de base empirista e origem realista[29] que defende uma visão de mundo voltada para a práxis social humana, construindo uma teoria epistemológica desprendida de pretensões metafísicas e relacionada diretamente à possibilidade de conhecimento dentro da realidade. (POGREBINSCHI, 2005).

Por ser uma proposta de valoração e percepção do conhecimento humano muito mais ampla que a mera demonstração epistêmica a partir da justificação, o esforço relacional entre o pragmatismo e o direito já foi enfrentado como construção teórica. Diante disso, ao contrário do que havia sido praticado até aqui, onde se intentou propor uma abordagem jurídica das teorias epistêmicas de justificação do conhecimento, a relação pragmatismo e conhecimento jurídico já foi debatida por inúmeros teóricos do direito. O enfoque novo que se pretende lançar nesse momento da produção é a função do pragmatismo para a justificação do conhecimento jurídico.

Thamy Pogrebinschi e José Eisenberg partem das ideias centrais do pragmatismo, como expostas no capítulo primeiro, para relacioná-lo ao pensamento jurídico. São essas ideias o contextualismo, o antifundacionalismo e o consequencialismo. A respeito da conjugação desses conceitos e a postura jurídica, escrevem os autores:

> O conseqüencialismo, ou instrumentalismo, faz-se notar pelo enraizamento do direito na prática e no conhecimento tácito. O contextualismo evidencia-se ao se julgar essas práticas e o conhecimento delas a partir de quão bem produzem resultados desejáveis em situações problemáticas. Por fim, ser pragmatista em direito significa entender o que define uma teoria, negativamente, como fundacionalista: sua generalidade e abstração, que a tornam impraticável. (EISENBERG; POGREBINSCHI, 2002, p. 109)

Uma das contribuições mais importantes do pragmatismo para a epistemologia jurídica e, de modo geral, para a justificação do

---

[29] Ainda que, em alguns círculos, seja comum associar o termo pragmatismo a uma espécie de filosofia anti-realista, especialmente graças ao pensamento de Richard Rorty. A esse respeito, cf. EISENBERG, José; POGREBINSCHI, Thamy. Pragmatismo, direito e política. **Novos Estudos CEBRAP**, v. 62, 2002.

conhecimento jurídico, é a proposta pragmática de autopercepção das teorias jurídicas enquanto construtos teóricos importantes, porém, não fundamentais para o pensamento do direito. A construção teórica é útil, mas não poderia caminhar na tentativa de se erigir uma ciência jurídica com presunção de totalidade, de domínio sobre a realidade (EISENBERG; POGREBINSCHI, 2002).

Diante disso, a proposta do pragmatismo no direito é uma proposta teórica a respeito da função da própria teoria do direito para o conhecimento jurídico. Dizem Eisenberg e Pogrebinschi (2002, p. 110):

> O pragmatismo jurídico é, portanto, uma teoria sobre como usar a teoria. Ao perguntar-se "como funciona o direito", o pragmatismo responde apontando para a heterogeneidade de recursos utilizados pelo direito a fim de produzir resoluções políticas para disputas que precisam ser formatadas em termos apolíticos e abstratos.".

Há no pragmatismo uma visão do direito voltada para a realidade do fenômeno jurídico. A construção teórica do conhecimento serve à sua aplicação prática, não podendo aquela superar esta. O direito, na visão pragmática, deve ser pensado à luz de aspectos da realidade dada como sua preocupação com repercussão de decisões futuras, demandas e necessidades sociais, função criativa do magistrado quando da elaboração das normas jurídicas individuais dentre outros paradigmas.

A primeira indagação que se pode fazer a respeito da posição das teorias pragmatistas no pensamento jurídico é como ela enxerga as propostas teóricas da própria ciência do direito. Merece ser lembrado que, para alguns autores, a proposta pragmática para o direito não é constituir exatamente uma teoria, mas sim uma proposta sobre como deveria ser desenvolvida a teoria jurídica (EISENBERG; POGREBINSCHI, 2002).

Com essa chave conceitual em mãos, percebe-se que a crítica que o pragmatismo direciona ao positivismo, notadamente ao positivismo como pensado por Kelsen, é o fato de o positivismo preocupar-se mais com a descrição do fenômeno jurídico do que com sua aplicação propriamente dita. De fato, volvendo aos argumentos trazidos no final do capítulo segundo e já nesse capítulo permite-se concluir a pretensão da ciência jurídico-positivista kelseniana: a descrição normativa. Afinal, o objeto da ciência do direito, na visão kelseniana, são as proposições descritivas a seu respeito.

A abordagem do pragmatismo jurídico, conforme delineada por Eisenberg e Pogrebinschi (2002) visa ao desprendimento de dogmas fundamentais do positivismo enquanto teoria científica. Primeiro, reconhece que a preocupação da decisão pragmática não é imediatamente com o seu aspecto normativo mas sim com a satisfação de necessidades reais e práticas, em contraponto direto à pretensão normativa total do positivismo jurídico. Segundo, o pragmatismo reconhece que a norma jurídica fornece elementos de decisão para o caso prático mas outros elementos de decisão também podem ser encontradas em outros locais, eminentemente, na própria realidade social.

Outro aspecto de abordagem do pensamento jurídico pragmatista frente ao positivismo jurídico clássico é a posição da interpretação jurídica. O esquema de interpretação do positivismo jurídico como defendido por Kelsen é o da moldura normativa[30]. As normas jurídicas delineiam o arcabouço de aplicação do direito a partir de um esquema de redução, da norma hierarquicamente superior à norma do caso concreto. Trata-se de uma aplicação deducional, assentada em premissas. Por outro lado, como destacam Eisenberg e Pogrebinschi (2002, p. 110):

> Ao método lógico-dedutivo os pragmatistas opõem um método comparativo-conseqüencialista: enquanto o juiz positivista deduz, com recursos jurídicos, a melhor norma jurídica (ou única, já que a teoria do ordenamento jurídico deve sempre atender aos imperativos da coerência e da completitude) aplicável dentre as normas positivas válidas, o juiz pragmatista avalia comparativamente diversas hipóteses de resolução de um caso concreto tendo em vista as suas conseqüências.

Nessa passagem há menção a um dos aspectos fundamentais do pragmatismo enquanto postura filosófica, que é a ideia do consequencialismo, nesse caso, voltado à interpretação jurídica. Cuida de destacar a importância da outra ponta da interpretação, isto é, da modificação prática da realidade que determinada decisão judicial parece apontar. Essa é uma das propostas de acepção holística da

---

[30] Literalmente, Kelsen (2009, p. 263): "a norma jurídica geral é sempre uma simples moldura dentro da qual há de ser produzida a norma jurídica individual.".

norma jurídica como objeto da ciência do direito que se consignou no capítulo segundo. Compreender a norma jurídica apenas pelo seu viés lógico-normativo é compreendê-la de modo restrito.

Importa destacar também um ponto que se apresenta, sem dúvida, como controverso dentro da proposta pragmatista para o direito: o descompromisso do pragmatismo com a certeza do direito.

Uma das construções mais caras ao positivismo jurídico kelseniano é a segurança jurídica intentada pela coerência e completude do ordenamento jurídico, ou seja, a percepção de que o ordenamento não pode apresentar lacunas e contradições. Essa não é uma construção particular ao pensamento kelseniano, senão partilhada por diversas matizes do positivismo. A exemplo, Norberto Bobbio (1995) erige em *Teoria do Ordenamento Jurídico* a unidade, a coerência e a completude como verdadeiros dogmas do direito positivo.

Esses dogmas servem à ideia de segurança jurídica. Para que um ordenamento normativo opere com segurança necessário se faz que as normas não sejam contraditórias entre si, que sempre haja resposta para os problemas jurídicos e que estejam sob o manto de uma ordem que as valide enquanto normas (BOBBIO, 1995), tudo isso em louvor à previsibilidade e segurança do direito.

A visão pragmatista não tem na segurança jurídica uma de suas preocupações fundamentais. Reconhece, por outro lado, um alto grau de imprevisibilidade em virtude da possibilidade de relaxamento de certas regras e formas jurídicas, consistindo, também, numa proposta do pragmatismo jurídico: a superação da formalidade no espaço de atuação jurídica.

Em regresso à discussão sobre a segurança jurídica, como dito, vez que a postura pragmatista pressupõe a análise das consequências das decisões jurídicas, a possibilidade de recurso a outras formas de sustentação do direito para além do esquema de aplicação lógico-normativo valora a necessidade de se ultrapassar o formalismo jurídico, entendida como uma das pilastras da ideia de segurança jurídica

Como enfatizam Eisenberg e Pogrebinschi (2002, p. 110):

> O pragmatismo jurídico não apresenta nenhum compromisso com a segurança jurídica e a objetividade, propugnando que os

conceitos e normas jurídicas sirvam constantemente às necessidades humanas e sociais e que o direito ajuste suas categorias para se adequar às práticas da comunidade extrajurídica. O juiz pragmatista não se preocupa em manter a coerência lógica do sistema jurídico se isso não servir a um resultado socialmente desejável e benéfico.

É interessante trazer as propostas de contribuições de Richard Posner, marco da análise econômica do direito que apresenta uma visão pragmatista do pensamento jurídico. Em um artigo intitulado *What Has Pragmatism to Offer Law?* o autor aborda o pensamento pragmático de forma geral, muito no sentido do que foi aqui exposto e não se repetirá, e estabelece algumas contribuições do pensamento pragmático para o direito.

Primeiramente, em relação aos conceitos metafísicos rejeitados pelo aspecto antifundaiconalista do pragmatismo, Posner (1989) indica que a postura pragmática ajuda a depurar o direito de conceitos complexos, geradores de problemas e dificuldades operacionais no pensamento jurídico. Segundo o autor:

> *The pragmatic outlook can help us maintain a properly critical stance toward mysterious entities that seem to play a large role in many areas of law, particularly tort and criminal law. Such entities as mind, intent, free will, and causation are constantly invoked in debates over civil and criminal liability. Tested by the pragmatic criterion of practical consequence, these entities are remarkably elusive. (Posner, 1989, p. 1662)*

As "entidades misteriosas" a qual o autor se refere, tais como "mente, intenção, livre arbítrio" são permanentes nas construções científicas do direito. Por mais paradoxal que possa parecer, mesmo a ciência jurídica pretensamente lógica e formal não consegue se livrar de conceitos jurídicos indeterminados, construções metafísicas. É para esclarecer essas ideias, ou, ao menos, manter delas uma visão crítica que o pragmatismo pode vir a contribuir.

Outra contribuição do pragmatismo à teoria do direito é o já referido contraponto ao formalismo jurídico, visto que a manifestação do fenômeno do direito, no prisma de concepção pragmático, não contempla a prevalência da forma não sobre a essência mas sim sobre o aspecto real e efetivo de determinada decisão, por exemplo, relacionando-se, com isso, ao aspecto consequencialista e contextual da filosofia pragmática (POSNER, 1989).

Também se pode pensar como contribuição do pragmatismo à epistemologia jurídica a proposta pragmática consequencialista para a interpretação. Segundo Posner (1989, p. 1664): "pragmatists will ask which of the possible resolutions has the best consequences, all things (that lawyers are or should be interested in) considered, including the importance of preserving language as a medium of effective communication and of preserving the separation of powers.".

A interpretação proposta por Posner e vista pelo pragmatismo não seria uma interpretação iconoclasta, de destruição de significados, reducionismos ou expansionismos dos signos linguísticos. Antes disso, como se vê no autor, todas as coisas são consideradas para a interpretação do direito, inclusive preservar a linguagem como instrumento de comunicação e até conceitos políticos como a separação dos poderes.

Quer-se dizer com isso que à primeira leitura esses argumentos podem parecer geradores de insegurança e caos para o pensamento jurídico, coisa que, todavia, não se sustenta. Posner (1989) propõe um respeito estrito aos limites de linguagem e à construção da separação dos poderes como barreiras contra o arbítrio na criação do direito. Há que se ver que a tradição jurídica no qual o autor está inserido é substancialmente diferente da realidade jurídica romano-germânica, e é natural que suas ideias se encaixem melhor no direito baseado na construção dos precedentes.

A trazer a perspectiva da linguagem pragmática à lume, ainda que sumariamente, pois tema como tal impenderia discussão extensa e aprofundada, pode-se apresentar as lições de Gontijo (2011, p. 150):

> A linguagem constrói os sentidos e o faz pragmaticamente, ou seja, por meio dos usos que se faz desses sentidos. A construção dos sentidos se dá por meio da linguagem, desta forma, o suposto sistema auto-referencial do direito nunca se fecha completamente, mas apenas parcialmente porque comunga com o mundo externo – o ambiente e outros sistemas – a formação dos signos que usa e interpreta.

Estabelecida a proposta pragmática para o pensamento jurídico, cumpre demonstrar, perseguindo o objetivo desse trabalho, como a justificação do conhecimento jurídico pode se dar à luz do pragmatismo. No entanto, muito do que foi dito até aqui já antecipou uma empreitada dessa natureza. Isso porque o pragmatismo, contextual que é, em seu delineamento teórico já consegue apresentar sua proposta de justificação do conhecimento.

Tomando por premissa que a justificação do conhecimento, de modo geral, à luz do pragmatismo, dá-se a partir dos seus próprios elementos definidores, pode-se perceber que a justificação do conhecimento jurídico para o pragmatismo tem no contextualismo de suas ideias, no consequencialismo de suas decisões e na base anti-fundacional do saber a justificação do conhecimento do direito.

Mas como se daria esse conhecimento? Como uma proposição jurídica se justificaria à luz da filosofia pragmática?

Uma proposição jurídica, seja ela normativa ou descritiva, só se justificaria quando analisada dentro do contexto no qual foi produzida e para o qual é destinada. Não se pode justificar uma proposição jurídica aprioristicamente, no esquema de dedução lógico-silogístico abstrato como propunha o positivismo.

Sob o prisma consequencial, uma proposição jurídica justifica-se no sentido e na medida em que suas consequências são conhecidas, ponderadas e pensadas. Notadamente as proposições de caráter normativo (o que Kelsen chama de prescrições) precisam ser analisadas e justificadas com base nas consequências que ela poderá importar. Isto é: um comando de dever-ser extraído do direito justifica-se por suas consequências, implicações, contingências.

O aspecto anti-fundacional é o mais complexo de se relacionar à ciência jurídica. Especialmente porque há nela muitos pré-conceitos, estabelecidos em virtude do desenvolvimento de anos de dogmática jurídica construída sobre aspectos fundacionais. Apenas a título de ilustração, veja-se como o argumento fundacionalista da norma fundamental encontra defensores e variantes manifestações.

Todavia, mesmo com essa dificuldade relacional para a teoria jurídica, o caráter anti-fundacionalista do pragmatismo pode ser encarado não exatamente como uma proposta de justificação do conhecimento jurídico mas mais como uma proposta de lentes para se enxergar para o fenômeno jurídico. Um dos aspectos colaterais mais marcantes de uma postura anti-fundacional é a quebra do dogmatismo, da visão entoldada de mundo.

A proposta do pragmatismo, que, repita-se, vai além de uma teoria epistêmica para propor uma teoria de mundo, faz colocar em movimento os valores e conceitos mesmos da ciência jurídica enquanto fatos dados, pressuposições que devem ser seguidas porque representariam um aspecto verdadeiro *per si*. O caráter não fundacional do pensamento pragmático vem dizer que nada tem perseidade, incluindo as construções jurídicas.

Assim, além de operar como um arcabouço teórico de justificação do conhecimento jurídico, o pragmatismo opera como um condutor de discussões, uma ferramenta de quebra de paradigmas, um convite a repensar   o   direito.

CONSIDERAÇÕES FINAIS

Após o desenvolvimento das ideias ao longo dos três capítulos deste livro, passa-se a tecer considerações finais a respeito do trabalho desenvolvido.

O objetivo do presente trabalho foi estabelecer relação entre os conceitos epistemológicos de justificação do conhecimento e a epistemologia jurídica, enfrentando-se, como necessidade conceitual e implemento do método descrito na apresentação da pesquisa, temáticas correspondentes a objetivos específicos.

Buscou-se enfrentar os conceitos de epistemologia, entendida como esforço investigativo voltado ao conhecimento. A base das discussões da epistemologia é precisamente o conhecimento, razão pela qual a mesma é chamada de "teoria do conhecimento", o qual se constrói, como herança do pensamento grego antigo, como a crença verdadeira e justificada.

Para compreender como se dá o conhecimento, portanto, necessário foi enfrentar a sua justificação, entendida como processo para determinação da confiabilidade das construções do saber, isto é, das proposições. Esse conceito-chave serviu como uma das premissas para o trabalho desenvolvido, visto que se pretendeu, como dito acima, tratar da aproximação dos conceitos de justificação filosófica do conhecimento e justificação do conhecimento jurídico.

Por isso, ainda no primeiro capítulo, foram apresentadas as principais teorias de justificação do conhecimento e a teoria pragmatista como proposta de justificação e percepção do saber. Evidenciou-se a controvérsia fundamental entre o debate epistêmico fundacionalista e coerentista como propostas de justificação do conhecimento, que disputam espaço na teoria epistêmica, bem como a proposta pragmatista, que, por sua vez, caminha no sentido de uma justificação do saber eminentemente contextual, consequencialista e desapegada a construções fundacionais e dogmáticas da intelecção.

O segundo capítulo tratou da epistemologia jurídica propriamente dita. Para satisfazer uma necessidade metodológica, buscou-se traçar as fronteiras conceituais entre epistemologia, teorias do conhecimento e ciência, para se chegar à ideia construtiva da epistemologia jurídica e da ciência do direito.

Nessa seção, foi possível estabelecer que a epistemologia jurídica é uma forma de raciocínio que confronta as questões fundamentais do saber jurídico, tanto do ponto de vista lógico, social, teórico e prático. Adotou-se então uma visão ampla de epistemologia jurídica, que parece coadunar com o desenvolvimento teórico dos autores citados.

Assentada essa ideia, buscou-se enfrentar a problemática da ciência do direito, analisando, inicialmente, o seu surgimento teórico. A pesquisa permitiu perceber que a ciência do direito, como considerada hoje, surge no contexto de mudanças sociais que marcaram a Europa no século XVIII e XIX, tendo por isso mesmo um caráter de construção sustentadora de uma classe política que ascendia e buscava garantir e legitimar sua posição juridicamente.

Seguiram-se considerações acerca da ideia mesma da ciência do direito, a evidenciar a positivação como um marco para o desenvolvimento de um pretenso conhecimento jurídico, o critério da decidibilidade como o problema central da ciência do direito e a noção do objeto do saber jurídico, qual seja, a norma jurídica.

Nesse particular, identificou-se que o paradigma tradicional da ciência do direito enxerga a norma jurídica como seu - às vezes, único - objeto de discussão. Todavia, propôs-se uma visão mais abrangente do campo de discussões da ciência do direito, visão essa que não descarta o aspecto normativo do saber jurídico, fundamental para seu conceito, mas busca ampliar horizontes e perspectivas para acolher na análise da norma jurídica aspectos que a subjazem relevantemente, propondo, portanto, uma visão epistêmica holística para a ideia de norma jurídica.

Após essas considerações, ainda no capítulo segundo, enfrentou-se a temática da natureza do saber jurídico e retornou-se à conhecida questão do pensamento jusfilosófico que busca determinar o conhecimento do direito como ciência. Para responder a tal indagação, cuidou-se de apresentar o paradigma tradicional de ciência no qual o pensamento jurídico foi gestado. Depois, foi apresentada a proposta de reviravolta do paradigma emergente de ciência, onde se pretendeu encaixar o direito nesse aspecto.

Se se considerar esse paradigma emergente como prisma conceitual para a análise da ciência jurídica, a vê-la, portanto, como um saber a ser construído sem cisões entre a pesquisa e o pesquisador; com pretensão de generalidade, holismo, ampliação de horizontes, totalidade; próxima do saber simples e cotidiano, então, poder-se-ia chamar o saber jurídico de ciência do paradigma emergente.

No terceiro capítulo, enfrentou-se mais diretamente a temática proposta como objetivo geral para tratar da aproximação possível entre as teorias de justificação do conhecimento e a epistemologia jurídica.

Para tanto, num esforço relacional entre a ideia de justificação do conhecimento como justificação de proposições que operam o saber, enfrentou-se ideias conceituais acerca da proposição jurídica e sua relação com o conhecimento jurídico. Como apresentado, tradicionalmente encara-se a proposição como um juízo que pode ser verdadeiro ou falso. Trazendo essa percepção para a teoria do conhecimento jurídico, a visão da filosofia do direito tradicional vê que apenas juízos de correspondência entre as prescrições normativas e as asserções podem ser considerados como proposições jurídicas.

Em razão dessa construção, o objeto da ciência do direito seria apenas as afirmações elaboradas pelas suas construções teóricas, excluído do conceito de proposição as asserções normativas do direito, os comandos de prescrição jurídica, não submetidas, portanto, à justificação epistêmica.

No entanto, o esforço investigativo dessa pesquisa permitiu argumentar que também as prescrições normativas podem ser encaradas como proposições, devendo esse último conceito ser visto de maneira abrangente para abarcar as afirmações realizadas no discurso jurídico de maneira geral, que podem ser ou não ser justificadas seja pelo direito seja pela teoria do conhecimento, como se propôs.

Feita essa primeira aproximação entre os conceitos da epistemologia filosófica e a epistemologia jurídica, empreendeu-se outro esforço aproximativo entre uma construção epistemológica geral e uma construção da epistemologia jurídica, a saber, a ideia de justificação fundacional aplicada ao argumento da norma fundamental.

Demonstrou-se que a teoria da norma fundamental é uma teoria fundacionalista, pois busca justificar uma proposição reconhecida como não-inferencial – a norma fundamental – como um dado apriorístico da razão necessário, possível, pensado e insuscetível de fundamentação. O objetivo deste trabalho não é trazer juízo de valor acerca da aproximação realizada, mas foram apresentadas as críticas, justas, feitas ao argumento fundacional, tanto na parte inicial deste livro quanto no estabelecimento da relação proposta.

A terceira aproximação proposta entre as ideias de justificação do conhecimento vistas na epistemologia geral e conceitos da epistemologia jurídica foi a justificação do saber jurídico a partir da interdisciplinaridade como uma forma de argumento coerencial para a justificação.

Como estabelecido no primeiro capítulo, a proposta coerencial de justificação do conhecimento defende um saber horizontal, onde não haja uma ordem de precedência de conceitos, consistindo a justificação do conhecimento em conhecer e aplicar esses conceitos para sustentar as proposições. Tendo em vista os aspectos trabalhados, foi possível perceber que uma abordagem interdisciplinar, interna e externa, do fenômeno jurídico busca justificar suas construções teóricas por uma rede de saber e de crenças, rompendo a disciplinaridade estanque do conhecimento fragmentado.

Por derradeiro, empreendeu-se o esforço de aproximação entre a teoria pragmatista e a justificação do conhecimento jurídico. Nesse particular, parece ser possível reconhecer na teoria pragmatista não apenas uma proposta de justificação do saber, mas sim um verdadeiro prisma pelo qual se pode enxergar a realidade, nela inclusa a produção do conhecimento, de forma geral, e também do conhecimento jurídico.

Buscou-se demonstrar como o pensamento pragmático pode contribuir para a epistemologia jurídica e para as construções teóricas do direito como um todo, mediante, essencialmente, suas características de rejeição ao dogmatismo, de abordagem contextual do direito e da norma jurídica e da necessidade de se enxergar, antever e pensar as consequências da ação jurídica prática. Também somam-se a isso as contribuições do pensamento pragmático no sentido de rompimento do formalismo jurídico a na interpretação como um sistema de construção de signos na realidade prática.

Mas a aproximação entre a justificação epistêmica do direito e o pragmatismo também pode ser desenvolvida, para que o objetivo central do trabalho não fosse enfrentado apenas lateralmente, na medida em que, na perspectiva pragmática, a proposição jurídica (aqui entendida de maneira abrangente, frise-se) pode ser justificada pelo contexto de sua percepção enquanto construção da realidade e pelas consequências que ela levará a cabo na prática.

A quebra do dogmatismo proposta pelo pensamento pragmático também serve, em certa medida, de critério de justificação epistêmica, incidindo, na verdade, sobre o próprio modo de pensar e construir saberes, conduzindo o inquiridor em um caminho trilhado sob uma visão ampla, holística, livre de construções apriorísticas que condicionam o seu raciocínio e poderiam impedi-lo pensar mais livremente.

Em conclusão, parece ser seguro dizer que as teorias de justificação epistêmica tradicionais (fundacionalismo e coerentismo), assim como a proposta epistêmica do pragmatismo jurídico, aproximam-se e servem de chave de explicação para a teoria do conhecimento do e voltada ao direito.

Sendo, antes de tudo, uma construção humana, o saber jurídico não é estranho ao esforço investigativo humano por excelência, que é a filosofia. Com esse trabalho, espera-se ter-se demonstrado que a filosofia dialoga com o direito não apenas no campo da deontologia, mas, também no da epistemologia, da teoria do saber, ampliando, fundamentando e contribuindo com o pensamento jurídico.

REFERÊNCIAS

AFONSO, Elza Maria Miranda. **O positivismo na epistemologia jurídica de Hans Kelsen**. 1984. (Tese de Doutrado) – Faculdade de Direito, Universidade Federal de Minas Gerais, Belo Horizonte, 1984.

ALVES, Railda F.; BRASILEIRO, Maria do Carmo E.; BRITO, Suerde M. de O. Interdisciplinaridade: um conceito em construção. **Episteme**, v. 19, n. 2, p. 139-148, 2004.

ALEXY, Robert. **Conceito e validade do direito**. São Paulo: Editora WMF Martins Fontes, 2009.

__________. **Constitucionalismo discursivo**. 2. ed. rev. Porto Alegre: Livraria do Advogado Editora, 2008.

__________. **Teoria da argumentação jurídica**. São Paulo: Landy Editora, 2001.

ARCELO, Adalberto Antonio Batista. Pragmatismo, ética e subjetivação: estrutura da racionalidade para uma teoria crítica do direito. *In* **Teorias da argumentação jurídica e estado democrático de direito**. José Emílio Medauar Ommarti, José Luiz Quadros Magalhães, Laura Alves de Oliveira e Lucas de Alvarenga Gontijo (coord.) 1. ed. Rio de Janeiro: Lumen Juris, 2017.

ARISTÓTELES. **Órganon**: Categorias, Da interpretação, Analíticos Anteriores, Analíticos posteriores, Tópicos, Refutações sofísticas. Tradução, textos adicionais e notas Edson Bini. Bauru, SP: Edipro, 2005.

BACHELARD, Gaston. **A epistemologia.** Lisboa: Edições 70, 2006.

BLANCHÉ, Robert. **A epistemologia**. 2. ed. Lisboa: Editorial Presença, 1976.

BASTOS, Aurélio Wander Chaves. Epistemologia Jurídica. In: TRAVESSONI, Alexandre. (coordenador geral): **Dicionário de teoria e filosofia do direito**. São Paulo: LTr, 2011. p. 142-146.

BAPTISTA, Geilsa Costa Santos. Do cientificismo ao diálogo intercultural na formação do professor e ensino de ciências. **Interacções**, v. 10, n. 31, 2015.

BOBBIO, Norberto. **O positivismo jurídico:** lições de filosofia do direito. São Paulo: Ícone, 1995.

__________. **Teoria do ordenamento jurídico.** Brasília: Editora Universidade de Brasília, 1995.

BONJOUR, Laurence. A dialética do fundacionalismo e coerentismo. **Compêndio de epistemologia.** John Greco e Ernest Sosa (orgs.). São Paulo: Edições Loyola, 2012.

BRASIL. Código Civil (2002). **Lei Federal 10.406 de 10 de janeiro de 2002, institui o Código Civil.** Câmara dos Deputados, 2002. Disponível em <http://www.planalto.gov.br/ccivil_03/leis/2002/L10406.htm> Acesso em: 20 abr. 2018.

______. Constituição (1988). **Constituição da República Federativa do Brasil.** Brasília: Senado, 1988. Disponível em: <http://www.planalto.gov.br/ccivil_03/Constituicao/Constituicao.ht m> Acesso em: 20 abr. 2018.

BRANDOM, Robert. **Articulating reasons:** an introduction to inferentialism. Cambridge, MA: Harvard University Press, 2000.

BURDZINSKI, Júlio César. Os problemas do fundacionismo. **Kriterion,** Belo Horizonte , v. 48, n. 115, p. 107-125, 2007 . Disponível em: <http://www.scielo.br/scielo.php?script=sci_arttext&pid=S0100-512X2007000100007&lng=en&nrm=iso>. Acesso em: on 10 fev. 2018.

CHERRYHOLMES, Cleo H. More notes on pragmatism. **Educational researcher,** v. 23, n. 1, p. 16-18, 1994.

________. Notes on pragmatism and scientific realism. **Educational researcher,** v. 21, n. 6, p. 13-17, 1992.

COMTE, Auguste. **Curso de filosofia positiva; discurso sobre o espírito positivo; discurso preliminar sobre o conjunto do positivismo; catecismo positivista.** Seleção de textos de José Arthur Giannotti ; traduções de José Arthur Giannotti e Miguel Lemos. — São Paulo: Abril Cultural, 1978. (Os pensadores)

COSTA, Ricardo da. A "Ciência" no Pensamento Especulativo Medieval. **Revista Sinais-ISSN: 1981-3988,** v. 1, n. 05, 2009.

CASSINI, Alejandro. El fundacionismo de la epistemología aristotélica. **Crítica: revista hispanoamericana de filosofía,** p. 67-95, 1988.

DANIEL, Jonatan Willian. **Sellars e o mito do dado**: uma avaliação de suas críticas ao fundacionismo em epistemologia. 2014. 90 f. Dissertação (Mestrado em Filosofia) - Universidade Federal de Santa Maria, Santa Maria, 2014.

DAVID, Orlando. El papel de la epistemología en la formación académica. **Revista UNIMAR,** 34(2), 63-67, 2016.

DESCARTES, René. **Princípios da filosofia.** Lisboa: Edições 70, 1997.

DEWEY, John. O desenvolvimento do pragmatismo americano. **Sci. stud.**, São Paulo , v. 5, n. 2, p. 227-243, June 2007 . Available from <http://www.scielo.br/scielo.php?script=sci_arttext&pid=S1678-31662007000200006&lng=en&nrm=iso>. access on 12 Apr. 2018. http://dx.doi.org/10.1590/S1678-31662007000200006.

DINIZ, Maria Helena. **Dicionário jurídico.** 3. ed. rev., atual. e aum. – São Paulo: Saraiva, 2008.

DORON, Roland; PAROT, Francoise. **Diccionario Akal de psicología**. Ediciones Akal, 1998.

DUTRA, Luiz Henrique de Araújo. **Introdução à epistemología.** São Paulo: Editora UNESP, 2010.

DWORKIN, Ronald. **O império do direito**. São Paulo: Martins Fontes, 1999.

EISENBERG, José; POGREBINSCHI, Thamy. Pragmatismo, direito e política. **Novos Estudos CEBRAP**, v. 62, 2002.

FERRAZ JR., Tercio Sampaio. **A ciência do direito**. 3. ed. São Paulo: Atlas, 2014

FOLEY, Richard. **The theory of epistemic rationality**. Cambridge, MA: Harvard University Press, 1987.

FERRIER, James Frederick. **Institutes of metaphysic**: the theory of knowing and being. 3 ed. Edinburgh and London: W. Blackwood and Sons, 1875.

FUMERTON, Richard. **Epistemologia**. Petrópolis: Vozes, 2014.

GARDINER, Georgi. Teleologies and the Methodology of Epistemology. In David Henderson & John Greco (eds.), **Epistemic Evaluation**: Purposeful Epistemology. Oxford University Press. pp. 31-45, 2015. Disponível em: <PhilArchive copy v1: https://philarchive.org/archive/GARTAT-8v1>. Acesso em 24 fev. 2018.

GONTIJO, Lucas de Alvarenga. **Filosofia do direito**: metodologia jurídica, teoria da argumentação e guinada linguístico-pragmática. Belo Horizonte: Arraes Editores, 2011.

________. Ensaio sobre teoria da argumentação sob o s crivos da racionalidade pragmática, da guinada linguística e do discurso do estado democrático de direito. *In* **Teorias da argumentação jurídica e estado democrático de direito.** José Emílio Medauar Ommarti, José Luiz Quadros Magalhães, Laura Alves de Oliveira e Lucas de Alvarenga Gontijo (coord.) 1. ed. Rio de Janeiro: Lumen Juris, 2017.

________. The ethic ground of juridical practice under an aristotelian prism: a study on argumentative rationality and its uses in law practice. **Revista da Faculdade Mineira de Direito,** v. 20, n. 39, p. 134-148, 2017.

GETTIER, Edmund L. Is justified true belief knowledge?. **Analysis**, v. 23, n. 6, p. 121-123, 1963.

GOLDMAN, Alvin I. A causal theory of knowing. **The journal of Philosophy**, v. 64, n. 12, p. 357-372, 1967.

HUEMER, Michael. Probability and coherence justification. **The Southern Journal of Philosophy**, v. 35, n. 4, p. 463-472, 1997.

JABLONER, Clemens. Kelsen and his Circle: the viennese years, **European Journal of International Law**, Volume 9, Issue 2, 1 January 1998, Pages 368–385. Disponível em: < https://doi.org/10.1093/ejil/9.2.368>. Acesso em 05 abr. 2018.

JAPIASSU, Hilton Ferreira. **Introdução ao pensamento epistemológico**. 3. ed. Rio de Janeiro: F. Alves, 1979.

JAMES, William. Pragmatism's conception of truth. **The Journal of Philosophy, Psychology and Scientific Methods**, v. 4, n. 6, p. 141-155, 1907.

KAPPEL, Klemens. "On Saying That Someone Knows: Themes from Craig." **Social Epistemology** 69–88, 2010. Disponível em: < https://s3.amazonaws.com/academia.edu.documents/30876090/Kap pelPaper.final.pdf?AWSAccessKeyId=AKIAIWOWYYGZ2Y53UL3 A&Expires=1525121345&Signature=DpwYcp2mlrhy4o%2FM4h%2F J4wfk9dY%3D&response-content-disposition=inline%3B%20filename%3DOn_Saying_that_Someone_Knows_Themes_from.pdf> Acesso em 26 mar. 2018.

KANT, Immanuel. **Crítica da razão pura**. Petrópolis, RJ: Editora Vozes, 2015.

________. **Lógica**. Texto original de Gottlob Benjamin Jäsche. Rio de Janeiro: Tempo Brasileiro, 1992.

________. **Metafísica dos costumes**. Petrópolis, Rio de Janeiro: Vozes, 2013.

KEEFE, Jenny. James Ferrier and the theory of ignorance. **The Monist**, v. 90, n. 2, p. 297-309, 2007.

KELP, Christoph. What's the Point of "Knowledge" Anyway?. **Episteme**, v. 8, n. 1, p. 53-66, 2011.

KELSEN, Hans; KLUG, Ulrich. **Normas jurídicas e análise lógica**: correspondência de 1959-1965. Rio de Janeiro: Forense, 1984

KELSEN, Hans. **Teoria geral do direito e do estado**. 3. ed. São Paulo: Martins Fontes, 1998.

________. **Teoria Pura do Direito**. Trad. de João Baptista Machado. 8. ed. São Paulo: Martins Fontes, 2011.

KUHN, Thomas S. **A estrutura das revoluções científicas**. 5. ed. São Paulo: Editora Perspectiva, 1998.

MARCONI, Marina Andrade. LAKATOS, Eva Maria. **Técnicas de pesquisa**: planejamento e execução de pesquisas, amostragens e técnicas de pesquisa, elaboração, análise e interpretação de dados. – 7. ed. – 2. reimpr. – São Paulo:2009.

MATIAS-PEREIRA, José. **Manual de metodologia da pesquisa científica**. 3. ed. – São Paulo: Atlas, 2012.

MEYERSON, Emile. **Identity & reality**. Routledge, 2013.

MCGRATH, Matthew and Frank, Devin. Propositions. **The Stanford Encyclopedia of Philosophy**. Edward N. Zalta (ed.). 2018. Disponível em: <https://plato.stanford.edu/archives/spr2018/entries/propositions/>. Acesso em 10 abr. 2018.

MORIN, Edgar. **A cabeça bem-feita**: repensar a reforma, reformar o pensamento. 8a ed. Rio de Janeiro: Bertrand Brasil, 2003.

________. **Os sete saberes necessários à educação do futuro**. 2. ed. São Paulo: Cortez; Brasília, DF: UNESCO, 2000.

MOSER, Paul K. (Ed.). **The Oxford handbook of epistemology**. Oxford University Press, 2002.

_____, Paul K. Realismo, objetividade e ceticismo. *In* **Compêndio de epistemologia**. John Greco e Ernest Sosa (orgs.). São Paulo: Edições Loyola, 2012.

PLATÃO. **Teeteto (ou Do Conhecimento), Sofista (Ou Do Ser), Protágoras (Ou Sofistas)**. Tradução, notas e textos complementares de Edson Bini. Bauru-SP: Edipro, 2007.

PEIRCE, Charles Sanders. How to make our ideas clear. **The Nature of Truth**: Classic and Contemporary Perspectives, p. 193-209, 2001.

PEIRCE, Charles Sanders. A fixação da crença. **Popular Science Monthly**, 12 (November 1877), pp. 1-15, 1877. Tradução de Anabela

Gradim Alves. Disponível em <http://www.bocc.ubi.pt/pag/peirce-charles-fixacao-crenca.pdf>. Acessado em 13 de abril de 2018.

PIAGET, Jean. **A epistemologia genética; sabedoria e ilusões da Filosofia; problemas de psicologia genética**. 2. ed. São Paulo: Abril Cultural, 1983.

POGREBINSCHI, Thamy. **Pragmatismo**: teoria social e política. Rio de Janeiro: Relume Dumará, 2005.

POSNER, Richard A. What has pragmatism to offer law. **S. Cal. L. Rev.**, v. 63, p. 1653, 1989.

POPPER, Karl. **Conjectures and refutations: The growth of scientific knowledge**. Routledge, 2014.

______. **Os dois problemas fundamentais da teoria do conhecimento**. 1. ed. São Paulo: Editora Unesp, 2013.

PUFENDORF, Samuel. *Gesammelte Werke. Band 4.1: **De jure naturae et gentium***. *Herausgegeben von Frank Böhling*. Berlin: Akademie Verlag, 1998a. Disponível em: < https://archive.org/details/samuelispufendor1672pufe>

QUINE, Willard Van Orman; ULLIAN, Joseph Silbert. **The web of belief**. New York: Random House, 1978.

REALE, Miguel. **Filosofia do direito**. 19. ed. 3ª tiragem. São Paulo: Saraiva, 2002.

______. **O direito como experiência**: introdução à epistemologia jurídica. 2. ed. São Paulo: Saraiva, 1992.

ROSS, Alf. **Direito e Justiça**. Tradução Edson Bini - revisão técnica Alysson Leandro Mascaro. Bauru, SP: EDIPRO, 2000.

RUSSEL, Bertrand. **Os problemas da filosofia**. Tradução de Jaimir Conte, Florianópolis, Brasil: Oxford University Press Paperback, 2005.

RESCHER, Nicholas. **Epistemology**: an introduction to the theory of knowledge. New York: State University of New York Press, 2003.

ROCHE, William A. Coherentism, truth, and witness agreement. **Acta Analytica**, v. 25, n. 2, p. 243-257, 2010.

SALDANHA, Nelson. Do direito natural à teoria da argumentação *In* **História do direito e do pensamento jurídico em perspectiva**. Brandão,Cláudio; Saldanha, Nelson; Freitas, Ricardo (coord). Atlas: 2012. [Minha Biblioteca].

SCOCUGLIA, Jovanka Baracuhey Cavalcanti. A hermenêutica de Wilheim Dilthey e a reflexão epistemológica nas ciências humanas contemporâneas. **Soc. estado.**, Brasília , v. 17, n. 2, p. 249-281, Dec.

2002 . Available from <http://www.scielo.br/scielo.php?script=sci_arttext&pid=S0102-69922002000200003&lng=en&nrm=iso>. access on 15 Apr. 2018. http://dx.doi.org/10.1590/S0102-69922002000200003.

SAN ISIDORO DE SEVILLA. **Etimologías** I. Madrid: Biblioteca de Autores Cristianos (BAC), MM, Libro I, 1, 1-2, p.276-277.

SANTOS, Boaventura de Sousa. **Para um novo senso comum:** a ciência, o direito a política na transição paradigmática. Volume 1. A crítica da razão indolente: contra o desperdício da experiência. 4. ed. São Paulo: Cortez, 2002.

______. **Um discurso sobre as ciências**. 5. ed. - São Paulo : Cortez, 2008.

SAUTTER, Frank Thomas. Um breve estudo histórico-analítico da Lei de Hume. **Trans/Form/Ação**, v. 29, n. 2, 2006.

SELLARS, W. **Empirismo e filosofia da mente**. Petrópolis: Vozes, 2008.

SILVA, J. Episteme e logos no Teeteto de Platão. **Ensaios de epistemologia contemporânea. Ijuí: Ed. Unijuí**, p. 139-154, 2010.

STEUP, Matthias, "Epistemology", **The Stanford Encyclopedia of Philosophy** (Fall 2017 Edition), Edward N. Zalta (ed.), URL = Disponível em: <https://plato.stanford.edu/archives/fall2017/entries/epistemology/>. Acesso em 15 abr. 2018

TORRES, Ana Paula Repolês. Uma análise epistemológica da teoria pura do direito de Hans Kelsen. **Revista CEJ**, v. 10, n. 33, p. 72-77, 2006.

VEGA-ENCABO, Jesús. The Concept of Knowledge: What is It For?. **Disputatio**, v. 8, p. 187-202, 2016.

WARAT, Luis Alberto. **Introdução geral ao direito II**: a epistemologia jurídica da modernidade. Porto Alegre: Sergio Antonio Fabris Editor, 1995.

WILLIAMS, Michael. Ceticismo. *In* **Compêndio de epistemologia.** John Greco e Ernest Sosa (orgs.). São Paulo: Edições Loyola, 2012.

WITTGENSTEIN, Ludwig. **Investigações filosóficas.** 6. ed. Petrópolis: Vozes, 2009.

ZALABARDO, José L. Inferentialism and knowledge: Brandom's arguments against reliabilism. **Synthese**, p. 1-19, 2017.

ZAGZEBSKI, Linda. O que é conhecimento? *In* **Compêndio de epistemologia.** John Greco e Ernest Sosa (orgs.). São Paulo: Edições Loyola, 2012.

ZENI, Eleandro Luis. **Conhecimento e linguagem**: um estudo do Teeteto de Platão. 2012. Dissertação (Mestrado). Programa de Pós-Graduação em Filosofia. Universidade Federal de Santa Maria, Santa Maria, 2012. Disponível em: <http://w3.ufsm.br/ppgf/wp-content/uploads/2011/10/DISSERTA%C3%87%C3%83O-final.pdf> Acesso em: 15 mar. 2018.

9 786500 900606